최신 뇌과학과 교육 현장의 실천으로 밝혀낸

자율적인 아이 만들기

최신 뇌과학과 교육 현장의 실천으로 밝혀낸

자율적인 아이 만들기

구도 유이치 。 아오토 미즈토 지음

이동희 옮김 。 조효래 감수

에이지21

차례

chapter. 1

심리적 안전성이란 무엇인가? : 아오토 미즈토
스트레스와 뇌 기능의 메커니즘

기능 ③ 부적절한 행동 억제(rlPFC)

기능 ④ 감정 조절(vmPFC)

chapter. 2

아이가 안심하는 환경을 만든다 : 구도 유이치

chapter. 3

메타인지란 무엇인가? : 아오토 미즈토
자기 성장의 필수 기술

chapter. 4

아이의 메타인지 능력을 기르는 방법 : 구도 유이치

교육 현장에서는
지금 어떤 일이 일어나고 있는가?

교육의 본질을 생각한다

최근 과학기술의 발전은 우리의 상상을 뛰어넘습니다. 더불어 경제와 사회 구조도 몰라보게 달라져 과거의 상식에만 얽매이면 시대와 맞지 않는 현상이 사회 곳곳에 나타납니다.

거기에 엎친 데 덮친 격으로 코로나 재앙까지 닥쳤습니다. 현대인이 일찍이 경험하지 못한 상황 앞에서 사람들은 당황하면서도 필사적으로 앞으로 나아가려고 시행착오를 겪을 수밖에 없었습니다.

이런 격동의 시대에 최우선해야 할 개인의 자질은 스스로 생각하고 판단하고 행동하는 능력일 것입니다. 나는 이것을 '자율'이라고 부릅니다.

동시에 세상은 글로벌화와 다양화가 가속화하고 있습니다. 현재는 일시적으로 분단과 격리의 단계에 들어가 있지만, 앞으로는 국가 단위가 아닌 세계 단위로 사물을 판단하는 것이 당연한 시대가 될 것입니다. 어떻게 하면 지구 환경을 지킬 수 있을까? 어떻게 하면 기아를 없앨 수 있을까? 어떻게 하면 분쟁을 멈출 수 있을까? 이런 문제들을 글로벌 시각에서 바라봐야 합니다.

그러기 위해서는 먼저 다양한 생각과 특성을 인정하고 타인을 존중하는 자질을 갖추어야 합니다.

내가 지요타 구립 고지마치 중학교 교장으로 재직할 당시 학교에서 내건 교육 목표는 자율, 존중, 창조였습니다. 세 번째 창조는 '풍부한 상상력으로 새로운 가치를 창출하는 것'을 의미하는데, 이는 자율과 존중이 실현된 바탕 위에 성립하는 것이라고 생각했습니다.

그래도 중요한 것은 자율과 존중입니다.

교육 목표는 학생과 학부모, 교사 모두가 추구해야 하는 공통의 과제로 학교 운영에서 가장 중요하게 고려되어야 합니다. 하지만 유감스럽게도 교육 목표가 형식화되어 교사가 각자의 가치관으로 지도하는 학교나 시대와 맞지 않는 목표를 제시하고 그 목표를 아이들에게 강제하는 학교가 많습니다.

학교의 최우선 목적이 아이들에게 사회에서 살아가는 힘을 길러주는 것이라고 한다면 교육 목표는 시대의 변화에 따라 끊임없이 수정되고 보완되어야 하는 것이 올바른 모습입니다.

고지마치 중학교의 교육 목표는 OECD가 정한 교육 지침인 'Learning

Framework 2030' 그 자체라고 할 수 있습니다.

- Taking Responsibility 책임감 있게 행동하는 힘(스스로 생각 해서 판단하고 행동한다 ▶ 자율)
- Reconciling Tensions & Dilemmas 대립과 딜레마를 극 복하는 힘(다양성을 존중하고 대립과 딜레마를 받아들인다 = 존중 ▶ 공 통의 목적에 합의)
- Creating New Value 새로운 가치를 창조하는 힘(상반되는 문 제를 새로운 체계나 기술을 창출함으로써 해결한다 ▶ 창조)

OECD는 이 세 가지 자질을 기르는 데 가장 중요한 것이 'agency' 라고 말합니다. 쉽게 말해 하는 일에 주인이 되고자 하는 '당사자 의식' 입니다.

당사자 의식을 가진 아이들이 사회로 나가야만 행복한 사회가 실 현됩니다.

이것이 앞으로의 세계 표준 교육 목표입니다.

자기 긍정감을 잃은, 당사자 의식이 없는 우리

일본재단의 '18세 의식 조사' 가운데 '사회와 국가에 대한 의식 조사'

라는 자료가 있습니다.(각국의 17~19세 남녀 1000명을 대상으로 9개국 비교. 2019년 11월 30일)

　일본의 경우 '자신을 어른이라고 생각한다'고 답한 청소년은 30퍼센트가 되지 않았습니다. 중국의 90퍼센트, 유럽과 미국의 80퍼센트에 비하면 절반에도 못 미칩니다.

　'자신이 책임 있는 사회의 일원이라고 생각한다'고 답한 청소년은 다른 나라가 대체로 90퍼센트인 반면 일본만이 절반에 미치지 못했습니다.

　'자신이 국가와 사회를 바꿀 수 있다고 생각한다'고 답한 청소년은 겨우 18퍼센트였습니다. '사회 문제로 가족이나 친구 등 주위 사람과 적극적으로 의논한다'는 청소년은 27퍼센트였습니다.

　이처럼 모든 문항에서 일본의 젊은이만 유독 낮은 결과가 나왔습니다. 일본에서 교육을 받은 대다수 젊은이는 '스스로를 사회에 책임을 지는 어른이라고도, 자신이 국가와 사회를 바꿀 수 있다고도 생각하지 않기 때문에 사회 문제에 관심도 낮다'는 것입니다.

　이 의식 조사에는 다른 문항도 있었는데 '자국의 미래를 어떻게 생각하느냐'라는 질문에 '좋아진다'고 답한 일본의 청소년은 9.6퍼센트로 9개국 가운데 최하위였습니다. 또한 '어떻게 나라에 도움이 되고 싶느냐'라는 질문에 '나라에 도움이 되고 싶지 않다'고 답한 청소년은 14.2퍼센트로 9개국 가운데 가장 많았습니다

너무도 슬픈 결과입니다.

조사 결과를 한마디로 요약하면 지금의 일본 젊은이는 당사자 의식이 결정적으로 결여되어 있습니다.

'사회와 국가의 미래도, 자신의 행복도 주위의 누군가가 어떻게든 해주겠지.'

'사회가 문제를 안고 있거나 자신이 불행해지면 그것은 주위 어른들 탓이다.'

일본의 학교 교육을 받은 아이들은 이런 극단적인 수동적 사고 회로가 쉽게 형성되는 경향이 있습니다.

당연하게도 이런 조사 결과를 근거로 '못난 놈들!'이라고 아이들에게 책임을 전가하는 것은 옳지 않습니다. 그것이야말로 당사자 의식이 결여된 사고방식이며, 아이들의 의식은 우리 어른들의 모습을 비추는 거울임을 잊어서는 안 됩니다.

수동적인 생각을 지우고 스스로 생각하고 판단하고 행동하는 자율적인 아이들을 늘리는 것은 지금 우리가 해결해야 할 시급한 과제입니다.

나는 학교 교육을 근본적으로 바꾸는 것이 무엇보다 중요하다고 믿고 그 목표를 실현하기 위해 지금도 작은 힘이지만 다양한 활동을 하고 있습니다.

아이에게 과도하게 관여하는 어른들

그렇다면 왜 일본에서는 당사자 의식이 없는 아이들이 자라나는 걸까요?

그것은 교육을 포함해 일본 사회 전체가 서비스 산업화되어 버렸기 때문입니다. 어른들은 아이들에게 지나치게 관여합니다. 어른들이 관여할수록 아이들은 자율성을 잃어버려 자기 뜻대로 되지 않는 일을 남의 탓으로 돌립니다.

예를 들면 조기 교육은 여전히 뜨겁게 달아오르고 있습니다.

'아이를 위해 조금이라도 나은 학습 환경을 만들어주고 싶다.'

'아이의 능력을 조금이라도 키워주고 싶다.'

'아이가 불리한 상황에 처하지 않도록 도와주고 싶다.'

아이의 장래를 걱정하는 것은 부모로서 당연한 일이지만 '이걸 해, 저걸 해, 그건 안 돼, 이것도 안 돼'라고 어른들이 귀에 못이 박히게 말한다면 아이는 자기 결정의 기회가 주어지지 않아 스스로 생각하는 능력과 새로운 것에 도전하는 자세가 길러지지 않습니다. 설령 어른의 도움으로 일류 대학에 들어간다고 해도 그런 상태에서 자신의 힘으로 꿋꿋하게 격동의 사회를 살아갈 수 있을까요?

과잉 서비스를 받고 자란 아이는 문제에 직면했을 때 그 상황을 스스로 해결하려는 생각이 들지 않습니다. 오로지 '보다 나은 서비스'를 요구하고 거기서 만족스러운 서비스를 받지 못하면 이번에는 '서비스의 질'에 불만을 토로합니다.

어느 가정에서나 있을 법한 일상의 아침 모습을 소개합니다.

매일 아침 좀처럼 일어나지 않는 딸을 걱정하며 깨우는 엄마의 모습입니다.

> 엄마: 아침이야, 일어나야지.
>
> 딸: …….
>
> 엄마: 좀 일어나. 지각해도 난 모른다.
>
> 딸: 아, 시끄러워. 그냥 좀 내버려둬.
>
> 엄마: 정말 난 모른다.
>
> 딸: 시끄러워. 시끄러워.
>
> 그리고 이미 지각할 시간이 훨씬 지났는데 겨우 일어난 딸이 엄마에게 말한다.
>
> 딸: 왜 안 깨웠어? 지각이잖아.

엄마가 깨워주는 서비스에 익숙해진 딸이 엄마의 서비스 질에 불평합니다. 아이는 주어진 것에 익숙해지면 매사가 이런 식입니다.

학교에서는 다음의 발언을 하는 학생이 눈에 띕니다.

'저 선생님의 수업 방식이 영 아니어서 공부를 못해요.'

'담임 탓에 우리 반은 사이가 나빠졌어요.'

'학교의 지원 방법이 마음에 안 들어서 학급에 잘 적응할 수 없어요.'

반복하지만 자율적이지 않은 아이는 일이 잘 안 풀리면 남을 탓하는 경향이 있습니다. 그리고 공통적으로 자신을 싫어합니다. 열등감으로 가득 차 있습니다. 그리고 자신을 싫어하는 아이는 다른 사람도 좋아하지 못합니다. 중학생 정도가 되면 '선생님을 싫어한다', '부모가 밉다', '어른은 못 믿겠다'고 생각하는 아이도 많습니다.

고지마치 중학교에서는 이런 '자율'을 잃어버린 아이들이 다시 스스로 생각하고 행동할 수 있게 하려면 어떻게 하면 좋은지, 그리고 자신을 좋아하게 되고 남을 존중하기 위해서는 어떻게 하면 좋은지를 계속 고민해왔습니다.

학교를 의심하게 만드는 수단의 목적화

아이들을 자율적인 인간으로 키워 생존의 힘을 갖추게 하는 교육법은 문부과학성(일본의 교육부)이 최상위로 내걸고 있는 목표입니다. 그러나 교육 현장에는 전혀 이루어지지 않고 있습니다. 오히려 아이들의 자율을 방해하는 일들이 버젓이 방치되고 있습니다. 과잉 서비스는 점점 심해지고 있습니다.

그 이유는 교육의 모든 과정에서 수단의 목적화가 일어나고 있기 때문입니다. 그 상징이 바로 시험 지상주의입니다.

학습 지도 요령에는 아이들을 자율적인 인간으로 키우기 위한 수단으로 '지, 덕, 체'를 균형 있게 익히도록 해야 한다고 쓰여 있습니다. 이 수단이 과연 최적의 해답인지는 둘째치고 실제 현장에서는 지나치게 '지(智)'에 치우친 교육이 일어나고 있습니다. 시험 점수 올리기가 학교의 목표가 되어 많은 학교가 최대한 지식을 주입해 답안지에 쓰는 능력을 키우려고 혈안이 되어 있습니다.

'점수를 올리는 것이 학교의 목표다'라는 엄청난 착각을 깨닫지 못하면 다음에는 그 수단으로써 실패한 부분을 반복적으로 복습시키는 일이 벌어집니다.

올바른 지도라면 아이 스스로의 판단으로 '이 부분은 잘 이해하지 못했으니 다시 공부해보자'라는 식으로 자발적으로 필요한 경우에만 반복해야 합니다. 하지만 그것을 교사가 참견부터 잘못하여 복습을 '명령'으로 바꾸면 아이는 자신의 힘으로 배울 수 없습니다.

또한 시험 점수 올리기가 교육의 목표가 되면서 대다수 학교는 공부 시간 연장을 수단으로 삼습니다. 수단이 오랫동안 사용되면 목적화됩니다.

'책상에 오래 앉아 있는 것이 맞다'라는 오래된 착각이 생기는 이유입니다.

되돌아보면 OECD의 학습 성취도 조사에서 일본이 핀란드에 크게 뒤처진 것을 계기로 숙제의 양이 대폭 늘어났습니다. 그 밖에도 다양한 반복 연습을 늘린 결과 일본은 핀란드를 따라잡을 수 있었습니다.

하지만 냉정하게 생각하면 핀란드 학교는 원래 숙제가 많지 않습니다. 방과후 학원에 가는 일도 없습니다. 아이들의 주체성을 중시하고 공부법을 포함해 자신에게 맞는 스타일과 방법을 찾도록 사회 전체가 공통된 인식을 가지고 이를 체계적으로 철저히 실행함으로써 아이의 자율과 학력 향상을 동시에 달성합니다. 핀란드는 유엔의 세계 행복지수에서 당당히 1위를 차지하고 있습니다.

일본도 핀란드처럼 적은 시간으로 성과를 올리는 방법을 생각해야 하는데 일본의 학교는 공부 시간을 늘려서 성과를 내려고 합니다. 교육의 본질을 잊어버린 것뿐만 아니라 개혁과는 정반대의 방향으로 가고 있는 셈입니다.

교육 현장에서 수단의 목적화는 그 밖에도 얼마든지 있습니다.

- 노트 필기를 강제하고 점검하고 평가하기
- 수첩 사용을 강제하고 매일 점검하기
- 오로지 성적을 매기기 위한 정기고사 실시하기
- 담임 제도 시행하기
- 작문하기(올해의 포부, 행사 때마다 소감문)
- 매 학기 초 개인 목표를 써서 교실 벽에 붙이기
- 행동이라는 결과보다 도덕적 인성 교육 중시하기
- 옷차림과 머리 모양 지도 및 불합리한 교칙 만들기

- 협동이 목적으로 아무도 읽지 않는 신문 만들기
- 학급 목표, 학년 목표 등 슬로건 작성하기
- 리더로 키우기보다 보조자 양성에 중점을 둔 특별활동 하기
- 등교 때 교문에서 매일 아침 인사하기

이 부분은 굳이 자세하게 설명하지 않겠습니다. 오히려 여기서는 각 항목을 다음 세 가지 관점에서 재검토하기 바랍니다.

'자율과 존중을 방해하는 교육 활동은 없는가?'
'목적을 잃어버린 활동은 없는가?'
'비효율적이고 불필요한 것은 없는가?'

고지마치 중학교의 경영 개선에는 세 가지 시점을 항상 의식하면서 학생, 보호자, 교사가 함께 제도 개혁에 임해왔습니다. 그리고 위와 같은 관습을 하나하나 철폐해 나갔습니다.

이런 일련의 개혁에 고지마치는 자유를 중시한다는 말을 자주 듣습니다만 우리는 자유가 목적이 아닙니다. 교육의 본질로 돌아가 학교 본연의 모습을 재검토한 결과 오로지 불필요한 것을 배제해온 것뿐입니다.

목적이 없는 활동이 학교에 있으면 아이들도 처음에는 의심을 품습

니다. 대놓고 불평하는 학생도 있습니다. 그것을 교사가 계속 강요하면 아이들은 '잘 모르는 규칙은 묵묵히 참고 견뎌야 한다'는 것이 습관화되어 의문조차 갖지 않습니다.

하지만 이런 아이들이 과연 당사자 의식을 가지고 다양한 과제를 능동적으로 해결하는 기술이나 자세를 배울 수 있을까요?

'교육의 본질을 생각하며 처음부터 다시 학교를 재정립하자.'

고지마치 중학교에서의 6년간은 그런 시간이었습니다.

뇌과학과의 만남

학교 개혁에 힘쓰고 있던 중 신경과학 전문가이자 이 책의 공동 저자인 아오토 미즈토 씨가 고지마치 중학교의 교장실을 찾아왔습니다. 에너지 넘치는 청년으로 뇌과학을 전혀 모르던 나에게 신경과학이 무엇이고, 뇌에는 어떤 특성이 있고 교육에도 활용해야 한다는 이야기를 열정적으로 해주었습니다.

그 만남을 계기로 시작된 것이 기존의 연구 방법을 무시하고 어떤 의미에서 보면 답이 없는 시행착오의 실천적인 연구회였습니다. '신경과학을 바탕으로 학교 교육을 본질부터 묻는다'는 주제로 오사카 시립 오조라 초등학교 초대 교장인 기무라 야스코 선생님을 비롯해 SNS 등을 통해 관심 있는 사람들을 전국에서 모집하여 뇌신경과학의 지식을 활용하면서 학교 운영 시스템, 교육 환경, 학생과의 접점, 인재 육성 방법 등을 처음부터 다시 생각하는 장을 마련했습니다.

고지마치 중학교에서는 일반 학교에서 볼 수 없는 '세 가지 말하기'라는 아이들에게 접근하는 방법이 생겨났는데, 이 방법은 뇌신경과학의 증거와 실천적 연구의 도움을 많이 받았습니다.

이 책은 이런 3년간의 연구 일부를 정리한 것입니다

연구회에서 토론을 거듭하면서 키워드로 좁혀진 것이 이 책의 2대 주제인 '심리적 안전성'과 '메타인지 능력'입니다. 이 책에서는 논점을 명확히 하기 위해 전반부를 심리적 안전성, 후반부를 메타인지 능력으로 나누었지만 두 주제는 밀접한 관계가 있습니다.

최근 비즈니스 세계에서도 자주 듣는 '심리적 안전성'은 한마디로 '심한 스트레스가 없는 상태 = 심리적으로 안심할 수 있는 상태'를 말합니다.

인간의 뇌가 깊은 사고를 하거나 이성적인 판단을 내리기 위해서는 심리적 안전 확보가 필수적이라고 합니다.

그 지적에 따라 연구회에서는 '현재 우리의 학교는 정말로 아이들이 안심할 수 있는 환경인가? 아이들에게 실패해도 괜찮다고 말해주는 것이 학교와 부모의 역할이 아닌가?' 하는 것이 하나의 큰 주제가 되었습니다.

하지만 심리적 안전성이 아이의 사고력을 키우는 중요한 열쇠라고 해도 막상 사회에 나가면 스트레스 요인은 얼마든지 있습니다. 만약 학교를 스트레스가 전혀 없는 공간으로 만들면 아이들은 스트레스 요인을 극복하는 훈련을 할 수 없습니다.

그래서 '실패해도 괜찮아'라는 환경(가능한 뇌가 활발하게 움직이는 상태)에서 아이들에게 적극적으로 문제를 경험하게 하는 것이 중요합니다. 그때의 갈등이나 실패와 같은 부정적인 기억을 긍정적인 학습으로 바꾸는 데 사용하는 것이 메타인지 능력입니다. 바로 자기 성찰 능력입니다.

뒤에서 아오토 씨가 자세히 설명하겠지만 이 연구를 통해 배운 나만의 이해로 설명하자면 메타인지는 자신을 제삼의 눈으로 전체를 조망하는, 다시 말해 부감적으로 보고 더 나은 방향으로 수정해 나가는 능력이라고 할 수 있습니다. 고지마치 중학교에서는 메타인지를 아이들의 자율성에서 중심 능력으로 자리잡았습니다. 메타인지는 개인의 문제 해결과 목표 달성 능력을 크게 향상시킬 뿐만 아니라 새로운 과제에 직면했을 때 아이 스스로 심리적 안전성을 만들어내는, 스트레스 요인을 잘 다스리는 능력도 향상시키기 때문에 격동의 시대를 살아갈 모든 아이들이 꼭 익혀야 할 기술입니다.

이 책은 학교 개혁 매뉴얼이 아닙니다. 학교를 어떻게 바꿀 것인지, 어디서부터 바꿀 것인지, 어떤 순서로 바꿀 것인지는 각 학교마다 최적의 해결책이 다를 것입니다. 물론 학부모가 읽어도 일상의 자녀와의 관계에서 도움이 되도록 정리했습니다.

이 책이 목표로 하는 것은 현재의 교육 방식에서 한 발자국 더 나아가는 것입니다.

이 책을 계기로 교육 현장과 가정에서 건설적인 논의가 이루어져 '교육의 본질을 다시 묻자', '아이가 주인공이 되는 교육을 생각하자'는 움직임이 전국으로 확산되기를 바랍니다.

구도 유이치

심리적
안전성이란
무엇인가?

: 아오토 미즈토

**스트레스와
뇌 기능의 메커니즘**

왜
신경과학인가?

신경과학. 영어로 '뉴로사이언스*neuroscience*'라고 부르는 이 학문은 인간의 뇌 구조를 분자와 세포 수준에서 밝히고, 이를 의학이나 우리의 사회생활에 피드백을 하는 새로운 지식입니다. 아직 우리에게는 생소하지만 의학과 약학 분야는 물론 인공지능, 인재 육성 등의 분야에서 주목받고 있습니다.

나는 미국 UCLA에서 신경과학을 공부한 뒤 일본으로 돌아와 교육을 포함한 인재 육성 현장에 그 지식을 적용하는 활동을 하고 있습니다.

왜 굳이 신경과학을 교육 현장에 도입해야 하는가?

강연이나 연수를 진행하면서 이런 질문을 자주 받습니다. 확실히 교육 전문가들은 풍부한 경험칙을 가지고 있습니다. 하지만 경험칙은 어디까지나 가설에 불과합니다. 모처럼 뇌에 관한 메커니즘이 과학적으로 밝혀졌다면 이를 활용해 가설을 검증하거나 신경과학의 입장에서 교육의 본질을 처음부터 다시 묻는 시도는 교육계에 결코 헛된 일이 아닐 겁니다.

우리가 무언가를 생각하고 기억하고 느끼는 모든 것에 뇌가 관여한다는 사실은 두말할 나위도 없습니다.

또한 생각하고 기억하는 것이 인간의 성장과 배움에 큰 발전을 가져다주며, 사람이 느낀다는 행위가 그 사람의 행복과 밀접한 관련이 있음을 부정하는 사람은 없을 것입니다.

배움과 행복(웰빙).

나는 이 두 가지가 교육의 궁극적인 목표라고 생각합니다. 다시 말해 아이들의 뇌를 '주도적으로 자신을 성장시키는 뇌'와 '주도적으로 행복한 상태를 만드는 뇌'로 키우는 것입니다.

빠르게 진행되는
뇌의 시각화

신경과학의 개요를 설명하겠습니다.

생명과학 분야에는 전 세계 의학 논문을 검색할 수 있는 PubMed라는 거대한 데이터베이스가 존재합니다. 이 PubMed에서 신경과학 관련 논문 수를 연도별 집계로 보면 2010년 이후에 상당한 연구가 진행되었음을 알 수 있습니다.

연구가 급격하게 늘어난 이유는 과학기술의 발전 덕분입니다. 그 전에도 뇌를 연구 대상으로 삼는 학문은 있었습니다. 하지만 구체적으로 뇌가 어떤 메커니즘으로 작동하고 그것이 우리의 생각이나 감정과 어떻게 관련되어 있는지 가설은 세웠지만 입증할 방법이 없었습니다.

2010년 이후 임의의 세포를 발색시킬 수 있는 녹색 형광 단백질 *GFP, Green Fluorescent Protein*의 등장으로 큰 진전이 이루어졌는데 시모무라 오사무 박사는 2008년에 '빛나는 해파리*Aequorea victoria*'로 노벨 화학상을 수상했습니다.

GFP는 의료 및 생명공학 분야에서 속속 채택되었고 신경과학 분야에서도 응용이 진행되었습니다.

그 결과 인간의 뇌를 세포 수준에서 색칠하고 시각화할 수 있게 되면서 뇌 구조를 분석하는 연구가 급물살을 탔습니다. 예전에도 MRI, EEG, PET 스캔 등 뇌를 시각화하는 기술이 있었지만 세포 수준에서 무슨 일이 일어나는지 알 수는 없었습니다.

그전까지는 신경과학이라고 하면 알츠하이머병과 같은 개별 신경 질환과 관련된 논문이 대부분을 차지했지만, 2010년을 기점으로 신경과학은 '전체 뇌의 해명', 나아가 그것을 통한 '인간의 이해'라는 큰 목표를 향해 전진하고 있습니다.

초기에는 의학과 약학 분야에서 주로 응용되었지만 인간의 본성을 파악하는 학문인 만큼 응용 분야가 거기에만 머물지 않았습니다. 먼저 신경과학을 마케팅 세계에 적용한 '뉴로마케팅'이라는 학술 분야가 큰 붐을 일으켰습니다. 이후 새로운 응용 분야가 다양하게 등장하면서 교육 분야에 적용한 '교육신경과학Educational Neurosciences'이라는 학술 분야도 생겨났습니다.

교육신경과학은 2020년 하버드 대학 등 선구적인 학교에서 먼저 연구 대상으로 삼았습니다.

신경과학은 아직 발전 단계에 있습니다. 뇌에 관한 모든 것을 이해한 것은 아닙니다만 기초 연구가 진행되면서 인간 뇌의 특성을 많이 알게 되었습니다.

밝혀진 것에 대해서는 적극적으로 활용하자는 것이 현 단계의 신경과학의 입장입니다.

그렇다면 현재 밝혀진 신경과학의 지식을 구체적으로 어떻게 교육 현장에 적용하는 것이 가장 좋을까요? 구도 교장 선생님을 비롯해 많은 교육 관계자와 논의를 가졌습니다. 그 과정에서 도출된 핵심 키워드는 '심리적 안전성'과 '메타인지 능력'이었습니다.

이 장에서는 먼저 심리적 안전성을 다루겠지만 구체적인 이야기로 들어가기 전에 사람의 뇌의 전반적인 특성을 이해하는 데 중요한 세 가지 포인트를 설명하겠습니다.

이러한 특성은 심리적 안전성과 메타인지 능력을 이해하는 데 도움이 될 뿐만 아니라 우리 인간이 일상에서 직면하기 쉬운 문제의 근본 원인이 되는 경우가 많기 때문에 이 사실을 아는 것만으로도 시야가 넓어질 것입니다.

뇌의 대원칙 ①
Use it or lose it

사람의 뇌는 'Use it or lose it'이라는 큰 원칙에 따라 작동합니다. 다시 말하면 '사용하지 않으면 잃어버린다'고 표현할 수 있습니다.

사람의 뇌에는 약 1000억 개로 추정되는 무수히 많은 신경세포(뉴런)가 존재합니다. 뇌가 다양한 정보를 기억하고 처리할 수 있는 것은 신경세포가 신경회로(시냅스)라는 네트워크를 통해 사방으로 연결되어 전기 신호와 화학 신호를 주고받기 때문입니다.

이때 평소에 사용하는 네트워크는 그 상태를 유지할 수 있지만, 사용하지 않는 네트워크는 휴면 상태가 아니라 회로 자체가 끊깁니다.

동물들이 다니는 숲속 길을 떠올려 봅시다. 자주 지나다니는 길은 풀이나 나뭇가지 등 장애물이 치워져서 어렵지 않게 다닐 수 있습니다. 그러면 자연스럽게 그 길을 이용하게 되고 더욱 원활하게 왕래할 수 있습니다. 하지만 반대로 그 길을 사용하지 않는 기간이 길어지면 잡초가 자라서 통행이 어려워지고 결국에는 길이 없어집니다. 한번 막힌 길을 다시 뚫는 데는 엄청난 수고가 필요합니다.

사람의 뇌에서도 이와 같은 일이 일어납니다. 자주 사용하는 신경회로일수록 전기 신호를 원활하게 전달하게 되고, 반대로 잘 사용하지 않는 신경회로는 뇌가 없애 버립니다.

그 이유는 뇌가 에너지 효율에 매우 민감하기 때문입니다.

뇌의 질량은 자기 몸무게의 2퍼센트밖에 안 되지만 체내에서 사용되는 에너지(포도당)의 25퍼센트가 뇌에서 소모된다고 알려져 있습니다. 그만큼 에너지를 많이 소비하기 때문에 뇌 구조는 낭비되는 에너지를 최대한 사용하지 않도록 조절하는 특성이 있습니다.

예를 들면 뇌에 뻗어 있는 신경회로에는 미엘린초myelin sheath라는 절연체 같은 것이 있습니다. 신호가 이 미엘린초의 축삭돌기를 통과함으로써 사람은 뇌에서 다양한 정보를 주고받는데, 자주 사용하는 신경회로의 미엘린초는 조금씩 두꺼워집니다. 두꺼워지면 축삭돌기를 통과하는 전기 신호가 새나갈 확률이 줄어듭니다. 다시 말해 에너지 효율이 좋아지는 것입니다.

어떤 정보를 처리할 때 처음에는 10의 에너지가 필요하다고 가정합시다. 하지만 그 처리를 여러 번 반복하면 뇌는 3 정도의 에너지로도 신호를 전달할 수 있도록 변합니다.

그러나 미엘린초를 두꺼운 상태로 유지하는 것만으로도 에너지를 소모하기 때문에 잘 사용하지 않는 회로는 점점 얇아집니다.

이러한 뇌의 미세한 현상이 우리의 일상에 쉽게 나타나는 것이 이른바 '습관'입니다. 예를 들어 나는 단골 카페에 가면 나도 모르게 항상 같은 자리에 앉아서 같은 음료를 마십니다. 이는 뇌가 '이 카페에서는 이 자리에 앉아 이 음료를 마시면 기분이 좋아진다'는 것을 학습하고 있다는 증거입니다.

습관만이 아닙니다. 생각, 느낌, 말투, 행동에 이르기까지 그 사람이 익숙하게 사용하는 사고와 언행 패턴은 '에너지 효율이 뛰어난 회로'가 무의식적으로 선택된 것일 뿐입니다.

이처럼 사람이 무의식적으로 선택하는 네트워크를 뇌의 세계에서는 디폴트 모드 네트워크Default Mode Network라고 합니다. 디폴트는 초기값이라는 뜻으로 어떤 회로가 초기값으로 사용되는지는 과거의 기억으로 결정됩니다. 일상생활의 모든 장면에서 두뇌를 풀가동하면 에너지가 많이 소모될 수밖에 없습니다. 그래서 의사 결정을 디폴트 모드 네트워크에 맡김으로써 뇌는 에너지 절약 운전을 할 수 있는 것입니다.

하지만 디폴트 모드 네트워크가 좋은 점만 있는 것은 아닙니다. 자신에게 유리하지 않은 습관도 디폴트화되어 버리기 때문에 주의가 필요합니다. 이성적으로 생각하면 좋지 않다고 생각해도 일단 디폴트 모드 네트워크에 그 행동 패턴이 포함되면 크게 의식하지 않는 한 그 회로가 자동으로 사용됩니다.

이 상황을 극복하기 위해서는 디폴트 모드 네트워크를 덮어쓰는 형태로, 이른바 사람의 '의지'와 '이성'의 힘을 빌려야 합니다. 이때 사용되는 뇌의 네트워크 군을 '중앙신경망Central Executive Network'이라고 부릅니다. 뒤에서 설명하겠지만 뇌에서 가장 고차원적인 기능을 담당하는 전전두엽피질에 의해 뇌 전체가 통제되고 있는 상태입니다.

이때 사용하는 회로는 평소에 사용하지 않기 때문에 당연히 에너지 효율이 좋지 않습니다. 한순간 방심하는 순간 익숙한 회로를 쓰려고 하기 때문에 항상 의식하고 있어야 합니다. 에너지도 많이 잡아먹고 스트레스도 받습니다.

그래서 사람은 익숙한 것을 쉽게 그만두지 못합니다. 사람의 뇌는 10세 정도까지는 신경회로를 유연하게 연결하고 재구성할 수 있지만, 그 이후부터는 한번 연결된 회로의 재구성이 쉽지 않습니다.

그러나 전혀 바꿀 수 없는 것은 아닙니다.

제삼자의 도움이나 메커니즘의 힘을 빌려서 새로운 네트워크에서 정보 처리와 행동 경험을 반복하면 세포 분자 수준의 구조적 변화가 일어나 에너지 효율이 좋은 새로운 경로가 개척됩니다. 그리고 그것을 계속 이어가면 결국 초기값으로 자리 잡습니다. 이렇게 인간의 모습은 변해가는 것입니다.

◆ 과거 경험과 기억이 그 사람의 뇌(사고와 언행 패턴)를 형성한다.

◆ 한번 형성된 뇌를 단기간에 극적으로 바꾸기는 어렵다.

◆ 뇌의 버릇을 바꾸려면 새로운 회로를 '의식적으로', '인내심을 가지고' 계속 사용해야 한다.

뇌의 대원칙 ②
사람의 의식은 유한하다

뇌의 특성으로 또 하나 이해해야 할 것이 사람의 뇌는 생각보다 정보 처리 능력이 제한적이라는 점입니다.

사람의 뇌에는 정보를 처리할 때 외부에서 온 정보를 잠시 저장했다 사용하는 작업대 같은 존재인 작업 기억working memory이 있습니다. 동시에 사용할 수 있는 작업 기억에 한계가 있기 때문에 작업대에 올라가지 못하는 정보는 뇌가 처리할 수 없습니다. 이때 '어떤 정보를 작업대에 올릴지'를 결정하는 것이 바로 '의식'과 '주의'입니다.

사람의 뇌에는 끊임없이 오감으로부터 정보가 들어오는데, 뇌는 그 정보의 1000분의 1 정도에만 의식을 향할 뿐입니다. 즉 정보 처리를 할 수 없다는 말입니다. 겨우 1000분의 1입니다.

예를 들어 여러분이 음악을 들으면서, 마사지를 받으면서, 과자를 먹으면서, 책을 읽고 있다고 합시다. 이때 뇌는 네 가지 작업을 동시에 처리할 수 없습니다. 음악에 의식이 향한 순간 책의 활자 정보는 처리할 수 없을 것이고, 과자 맛에 신경이 쓰이는 순간 마사지는 의식에서 벗어날 것입니다. (유튜브 검색창에 'selective attention test'를 검색해 보세요)

인간의 의식이 유한하다는 것을 알면 의식의 낭비가 얼마나 아까운 일인지 이해할 수 있습니다. 뇌의 작업대가 잡다한 정보, 스트레스, 걱정거리 등으로 흩어진 상태로 있으면 사람은 깊은 사고도 높은 집중력도 발휘할 수 없습니다.

특히 3장에서 설명할 메타인지는 뇌에 상당한 부담을 주는 정보 처리를 하기 때문에 뇌에 불필요한 스트레스를 주지 않는 것이 관건입니다.

뇌의 대원칙 ③
사람은 원래 부정적인 생각이 작동하기 쉽다

세 번째 대원칙은 인간의 뇌가 본래 가지고 있는 자기 부정에 빠지기 쉬운 특성입니다. 전문 용어로 '부정성 편향'이라고 합니다. 우리는 일상생활에서도 자주 '저 사람은 부정적으로 생각한다, 이 사람은 긍정적으로 생각한다'고 말하는데, 인간은 원래 부정적 사고에 빠지기 쉽습니다.

자기 부정에 빠지기 쉬운 두 가지 큰 이유가 있는데, 그중 하나는 뇌가 가지고 있는 '오류 검지 기능'입니다.

뇌의 전전두엽피질의 특정 부분은 '외부 오류 검지'를 담당하는데, 계산 실수나 오탈자 등의 오류를 발견할 뿐만 아니라 타인의 결점이나 약점을 찾아내는 기능을 가지고 있습니다.

또한 전전두엽피질과 다른 전대상피질이라는 뇌 부위에는 '자기 오류 검지 기능'이 있습니다. 여기서는 자신의 결점과 약점, 자기 내면에서 일어나는 변화에 주의를 돌림으로써 생존 확률을 높이려는 타고난 기능입니다.

뇌에 오류 검지 기능이 있다면 자신과 타인의 긍정적인 면을 자동으로 검지하는 기능이 있어도 좋겠다고 생각할 수도 있는데(나도 학창 시절에는 그렇게 생각했습니다) 뇌의 어디를 조사해도 잘 보이지 않습니다.(의식적으로 찾아내는 것은 가능합니다)

이는 결국 인간은 방치하면 자신에게도 타인에게도 흠을 들춰내는 생명체라는 뜻입니다.

아오토 미즈토

자기 부정에 빠지기 쉬운 또 다른 원인은 인간이 기억을 꺼내는 방식에 있습니다. 사람은 전전두엽피질에서 의사 결정을 내릴 때 과거의 정보를 끄집어내어 종합적으로 판단하는 과정을 거칩니다. 이때 사용하는 데이터로써 사람은 긍정적인 기억보다 부정적인 기억을 쉽게 떠올리는 경향이 있습니다.

예를 들어 신입 영업사원이 다섯 번 상담에 임해서 그중 네 번을 성공했다고 합시다. 확률론으로만 생각하면 승률 80퍼센트니까 자신감을 가지고 다음 상담에 임하면 되지만 그렇지 않은 것이 사람입니다. 한 번의 실패로 고객에게 욕을 먹었던 아픈 경험을 했다면 앞서 말한 오류 검지 기능도 함께 작용하여 불안이 앞서는 경우가 많습니다.

'인간은 감정의 동물'이라는 표현이 있듯이 아무리 이성적으로 생각하려고 해도 감정 없이 의사 결정을 내리기 어렵습니다.

인간이 원래 부정적 사고에 빠지기 쉬운 존재라는 점을 감안한다면 어른들이 순간적인 감정에 휩쓸려 아이를 혼내거나 부정적인 말을 하는 것이 아이의 자아 형성에 얼마나 악영향을 끼칠지 짐작할 수 있습니다.

아이들은 칭찬받는 것보다 나무라는 것에 압도적으로 민감합니다. '아이를 혼내고 나서 그만큼 칭찬해주면 되겠지'라는 것은 그렇게 되지 않는다는 뜻입니다.

한번 부정당한 것은 부정적인 기억으로 굳게 저장되어 그것이 자신의 단점으로 인식되면서 '해석의 확대'가 일어나고, 나아가 'Use it or lose it'의 원칙으로 그 회로가 굳어지면서 많은 아이가 자기 부정의 덩어리로 변합니다. 자신감을 갖지 못하고 새로운 것에 도전하는 자세도 나오기 어렵습니다.

이런 부정적 사고를 긍정적 사고로 바꾸려면 자신을 냉정한 눈으로 파악하는 메타인지 능력이 필요합니다. 이 부분은 3장에서 다룹니다.

그럼 심리적 안전성을 설명하겠습니다.

구글이 널리 알린
'심리적 안전성'

최근 '심리적 안전성Psychological Safety'이라는 단어를 접할 기회가 많아졌습니다. 말 그대로 '심리적으로 안전한 상태'라는 뜻으로 심리적 안전의 반대말은 '심리적 위험'입니다.

심리적 안전성의 개념을 처음 제안한 사람은 하버드 경영대학원에서 리더십과 조직론을 연구한 에이미 에드먼슨Amy Edmondson 교수로, 그는 1999년 〈작업반의 심리적 안전과 학습 행동Psychological Safety and

Learning Behavior in Work Teams〉이라는 논문을 발표했습니다. 에드먼슨 교수는 직장에서 개개인의 능력을 끌어내기 위해서는 심리적 안전성의 확보가 중요하며, 이를 위해서는 팀 내에 '부정당하지 않는 환경'을 만드는 것이 핵심이라고 주장했습니다.

이 말을 널리 알린 것은 구글입니다. 구글은 조직의 업무 방식에 관한 지식을 집대성한 '리워크*rework.withgoogle.com*'라는 웹사이트를 운영하고 있는데 2015년에 '팀을 성공으로 이끄는 5가지 열쇠'라는 연구 보고서를 발표했습니다. 그 첫 번째 열쇠가 심리적 안전성이었습니다.

그 정의를 인용하면 다음과 같습니다.

'불안이나 부끄러움 없이 리스크 있는 행동을 할 수 있는가?' 예를 들면 실수를 받아들일 수 있는 체질인가 하는 것입니다.

그렇다면 심리적 안전 상태에 있을 때 뇌는 어떤지 구체적으로 신경과학의 입장에서 설명하겠습니다.

사람의 뇌에는 전전두엽피질(전두엽)이라는 부위가 있습니다. 이마 뒤쪽에서 정수리까지 이어지는 큰 부위로 뇌에서 가장 진화적으로 새로운데 사고, 의사 결정, 감정 억제 등 다양한 고차원적인 기능을 담당합니다. 그래서 흔히 '뇌의 사령탑'이라고도 부릅니다.

사람은 심리적 안전 상태에 있을 때 전전두엽피질이 활발히 움직이는 것이 확인되었습니다. '평소보다 더 활발히 움직인다'라기보다는 그 사람이 본래 가지고 있는 전전두엽피질의 기능이 '방해받지 않는다'고

하는 편이 정확한 표현일 것입니다. 반대로 사람은 심리적 위험 상태에 있을 때 전전두엽피질의 기능이 현저히 떨어지는 것이 확인되었습니다.

'심리적 안전 상태로 만든다'는 것은 사실상 '심리적 위험 상태로 만들지 않는다'는 뜻이기도 합니다. 에드먼슨 교수가 주장한 '부정하지 않는다'라는 팀 내 규칙도 구성원 간에 전전두엽피질이 활발히 활동할 수 있는 환경을 조성하는 것입니다.

스트레스를 받으면
뇌는 어떻게 할까?

그렇다면 스트레스를 받으면 뇌는 어떻게 변할까요?

심리적 안전 상태와 심리적 위험 상태를 구분하는 것은 무엇일까요? 그 열쇠는 '스트레스'입니다.

우리는 평소에 스트레스라는 단어를 사용합니다. 하지만 '스트레스란 무엇인가'라는 질문을 받으면 의외로 대답하지 못합니다. 스트레스는 '평상시와의 차이'로 인해 발생하는 신체적, 정신적 내부 환경의 변화를 말합니다. 인간은 체내의 생리적 상태를 최대한 동일하게 유지하려는 '항상성homeostasis'이라는 메커니즘을 가지고 있는데 스트레스는 이 항상성이 느끼는 차이를 말합니다. 예를 들어 많은 사람 앞에서 말하는 것이 어려운 사람도 경험을 쌓으면 스트레스를 덜 느끼게 되는 것은 그 사람에게 '평상시'가 조금씩 변하기 때문입니다.

사람이 스트레스를 느끼면 먼저 뇌의 시상하부가 반응하고, 다음으로 시상하부 바로 아래에서 호르몬을 조절하는 뇌하수체라는 작은 부위가 반응합니다. 이때 뇌하수체에서 부신피질을 자극하는 호르몬이 나오고, 이에 자극을 받은 부신피질에서 코르티솔이라는 스테로이드의 일종이 분비됩니다. 부신피질은 신장 위에 붙어 있는 부신의 두툼한 껍질을 말합니다. 코르티솔은 일명 스트레스 호르몬이라고도 불리는데 혈액을 타고 온몸을 돌아다닙니다. 스트레스를 느낄 때 심장 박동이 빨라지고, 식은땀이 나고, 배가 아프고, 다리가 떨리는 것도 모두 스트레스 호르몬의 영향입니다.

이 스트레스 호르몬은 당연히 뇌로도 흘러 들어옵니다. 뇌에는 스트레스 호르몬을 받아들이는, 다시 말해 결합하는 수용체라는 것이 세포 안에 존재하는데 스트레스 호르몬이 뇌로 들어오면 이 수용체가 활동을 시작합니다.

이 수용체에는 두 가지 유형이 있습니다. 편의상 여기서는 유형1과 유형2로 구분하겠습니다.

유형1은 스트레스 호르몬을 '제거하는' 것이 특기인데, 스트레스 호르몬의 양이 적을 때는 유형1이 우세하게 활동하는 특징이 있습니다. 즉 약간의 스트레스는 뇌가 허용할 수 있다는 뜻입니다.

하지만 스트레스 호르몬이 너무 많아지면 상황은 달라집니다. 그동안 움직이지 않던 유형2가 자기 차례라며 활동을 시작하는데 유형2는 스트레스 호르몬과 친화력이 낮아 뇌의 여러 부위에 영향을 미칩니다.

특히 편도체amygdala가 영향을 많이 받습니다. 편도체는 우리의 감정을 담당하는데 두 종류의 수용체가 있습니다. 이 수용체가 모두 가동되면 편도체는 과잉 활성을 일으켜 자신의 생명을 지키기 위한 다양한 반응을 일으킵니다.

쉽게 말하면 편도체가 과도한 양의 스트레스 호르몬을 감지하면 뇌에 '비상 사태 선언'을 발령하는 것과 같습니다. 이렇게 비상 사태 선언이 내려진 뇌의 상태를 '심리적 위험 상태'라고 합니다.

투쟁 도피 반응

심리적 위험 상태의 전형적인 반응은 '투쟁 도피 반응Fight or Flight

Response'입니다. 투쟁은 '전투', 도피는 '도주'를 뜻합니다. 즉 사람은 과도한 스트레스를 받으면 전투 모드나 도주 모드에 들어가는 극단적인 반응을 보입니다. 절박한 상황에서 나도 모르게 나오는 초인적인 힘도 사실은 투쟁 도피 반응의 결과입니다. 이는 매우 원시적인 반응으로 태고적 우리의 조상이 사바나를 뛰어다니던 시절부터 변하지 않았습니다.

동시에 사람은 심리적 위험 상태에 빠지면 바로 앞의 위기를 벗어나기 위해 필요한 장기에만 혈류를 집중하려는 메커니즘이 작동합니다. 그 결과 전전두엽피질에 혈류가 공급되지 않아 일시적으로 통제력을 잃습니다.

현대인의 감각으로는 '위기에 직면했을 때 이성(전전두엽피질)이 발휘될 차례'라고 생각할 수 있지만, 인간의 뇌는 그렇게 작동하지 않습니다. 위기에 직면하면 '새로운 뇌'의 회로를 차단하고 보다 본능적인 '오래된 뇌'를 활성화하는 것이 인간 본연의 뇌의 작동 원리입니다.

이런 뇌의 반응은 생존 본능의 관점에서 보면 결코 나쁘지 않습니다. '투쟁 도피 반응'도 '전전두엽피질의 통제력을 잃는 것'도 다 이치에 맞습니다. 숲을 산책하고 있는데 덤불에서 거대한 곰이 눈앞에 나타났다고 해봅시다. 그때 '아, 곰이다. 사진 찍어서 SNS에 올려볼까… 좋아요!를 받을 수 있을까'라고 한가하게 생각할 겨를이 없을 것입니다. 그래서 뇌는 '생각하지 마! 빨리 전투 모드로 돌입해! 또는 '죽기 살기로

도망쳐!'라고 반사적으로 명령을 내리도록 되어 있습니다.

또한 사람은 두려움과 맞닥뜨리면 '마치 얼어붙은 듯 그 자리에 멈춰서는' 반응을 보이기도 합니다. 그래서 '투쟁 도피 반응'을 '투쟁 도피 경직 반응*fight or flight or freeze response*'이라고 부르기도 합니다. 경직이 되는 이유 중 하나는 전전두엽피질의 통제가 되지 않아 사고 정지 상태에 빠지기 때문입니다.

참고로 고지마치 중학교의 연구회에서 이 주제를 토의하던 중 오조라 초등학교의 기무라 야스코 초대 교장 선생님이 자살과의 연관성을 지적했습니다. 매우 예리한 관찰이었습니다.

누군가 자살을 하면 주위에서 많은 사람이 '왜 저 사람이', '자살할 사람 같지 않았는데'라고 한마디씩 합니다. 그러나 그것은 어디까지나 '평소'의 인물상을 말하는 것일 뿐입니다. 본인도 아마 심리적 안전성이 확보되고 이성적 판단이 가능한 상태였다면 '자살 같은 어리석은 짓을 할 리가 없다'고 생각했을지도 모릅니다. 그러나 과도한 스트레스에 시달리면 '평소의 내가 아닌 나'로 변해 극단적인 행동에 나설 가능성이 누구에게나 있다는 것을 우리는 이해해야 합니다.

아오토 미즈토

심리적 위험으로
잃어버리는 뇌 기능

그렇다면 여기서 심리적 위험 상태에 빠졌을 때 기능이 저하되는 전전두엽피질에는 원래 어떤 기능이 있는지 소개합니다. 전전두엽피질은 대뇌피질의 3분의 1을 차지할 정도로 크고 담당하는 기능도 다양해서 전부를 다룰 수 없습니다. 하지만 여기서 소개하는 기능만으로도 교육과 양육에 적용하는 데 중요한 시사점을 줍니다.

기능 ①
현실에 부합하는 사고와 오류 검지 dmPFC

전전두엽피질에는 dmPFC *Dorsomedial prefrontal cortex*라는 영역이 있는데 이 영역은 '현실에 부합하는 사고와 유추(현실성 테스트)', '오류 검지' 등의 기능을 담당합니다. 현실에 부합하는 사고란 예를 들어 누가 봐도 화가 나 있는 사람에게 그 사람의 기분을 상하게 하는 행동을 하면 몹시 화를 낼 것이라는 현실적인 추론을 하는 기능을 말합니다.

오류 검지는 앞에서 설명한 것처럼 다른 사람의 실수를 의식하거나 스프레드시트의 세부 입력 오류를 발견하는 데 필요한 '결점을 찾는 기능'을 말합니다.

이러한 기능이 손상되면 '이렇게 하면 이렇게 될 것이다'라는 현실에 맞는 추론을 할 수 없어 평소에는 절대 하지 않을 언행으로 주위를 화나게 하거나 불편을 끼칠 수 있습니다. 또한 오류 검지가 불가능해지면 정확성이 요구되는 세부 작업에서 실수를 연발하는 등의 상황이 발생할 수 있습니다.

참고로 dmPFC는 신경과학의 세계에서 사용되는 뇌의 특정 '위치'를 나타내는 기호입니다. 이후에도 PFC라는 기호가 여러 번 나오는데 이는 전전두엽피질*prefrontal cortex*의 약자입니다. 맨 앞의 d는 '등 쪽'을 의미하는 Dorso, m은 '내측'을 의미하는 Medial의 첫 글자입니다. 따라서 dmPFC는 '배내측 전전두엽피질'이라는 표기가 됩니다. 그러나 일반인에게는 기호처럼 보일 것이므로 이 책에서는 단순하게 신경과학에서 사용하는 이름으로 통일합니다.

기능 ②

의식적 주의력과 사고dlPFC

두 번째 기능은 신경과학계에서 '의식의 하향식 가이던스'라고 부르는데 의식적인 주의나 사고를 말합니다. 쉽게 말하면 '뇌를 한 지점에 집중시키는 힘'이라고 할 수 있습니다. 이 기능은 dlPFC라는 영역이 담당합니다.

예를 들어 여러분이 이 문장을 읽고 이해할 수 있는 것은 dlPFC가 '이 책의 이 줄에 쓰여 있는 내용에 주의를 기울여라'라는 지시를 내리고, 뇌의 다른 부위가 그 지시를 따랐기 때문입니다. 전문적으로 말하면 'dlPFC의 통제가 잘된 상태'라고 할 수 있습니다.

'의식한 것에 주의를 기울이는 건 당연하지 않느냐'고 생각할 수 있지만, 앞서 뇌의 대원칙 1과 2에서 설명한 것처럼 사람의 뇌는 무의식적인 사고와 언행 패턴에 쉽게 끌려가고, 더욱이 사람의 의식은 유한합니다. 그렇다면 '지금은 여기에 집중해라', '평소와 다른 사고회로를 사용하라'고 뇌 전체를 통제하는 것은 뇌 기능적으로 보면 매우 고도의 작업입니다.

따라서 자신을 통제하는 힘인 메타인지 능력을 발휘할 때는 심리적 안전성을 유지하고 의식의 하향식 가이던스가 충분히 작동하는 상태를 만드는 것이 중요합니다.

기능 ③
부적절한 행동 억제 rlPFC

우리의 뇌는 '이런 상황에서 이렇게 해도 되는지'를 일상의 경험을 통해 조금씩 학습합니다. 입력(언행)에 대한 출력(결과)을 세트로 만들어 배워간다는 의미에서 '패턴 학습'이라고 합니다.

뇌의 앞쪽 부분에 위치한 rlPFC 영역은 패턴 학습을 통해 배운 것을 바탕으로 부적절한 행동을 하지 않도록 뇌에 브레이크를 거는 기능을 담당합니다. 우리가 평소 반사회적인 행동을 하지 않고 이성적인 행동을 할 수 있는 것은 패턴 학습의 데이터(기억)와 rlPFC라는 브레이크 덕분입니다.

하지만 뇌에 과도한 스트레스가 가해지면 이 브레이크가 작동을 멈춥니다. 평소라면 하지 않을 부적절한 행동을 할 가능성이 높아집니다. 누구나 '왜 그런 말을 했을까', '왜 그런 행동을 했을까' 하고 후회한 적이 있을 것입니다. 이는 대부분 과도한 스트레스가 발단이 되어 전전두엽피질이 기능 장애에 빠진 결과입니다.

술을 마신 뒤에 돌변하여 폭력을 휘두른 경우도 메커니즘은 비슷합니다. 음주의 경우 스트레스가 아닌 알코올이 원인이지만 알코올을 많이 섭취하면 전전두엽피질의 기능이 떨어져 평소 이성(rlPFC)으로 억제할 수 있는 자신의 본능이 드러나는 것입니다.

기능 ④
감정 조절 vmPFC

전전두엽피질의 대표적인 기능 중 마지막은 vmPFC 영역이 담당하는 '감정 조절'입니다.

사람의 감정 자체는 편도체가 담당하는데 슬프다고 해서 바로 울거나 화가 난다고 해서 바로 소리를 지르면 원활한 사회생활을 할 수 없습니다. vmPFC는 이런 감정의 폭발을 의식적으로 억제하는 중요한 기능을 수행합니다.

이는 어른도 흔히 경험하는 일입니다. 스트레스가 쌓인 상태에서 불쾌한 일이 겹치면 결국 감정이 폭발합니다. 스트레스가 그 사람이 감당할 수 있는 수준을 넘은 것이 원인으로 뇌가 심리적 위험 상태에 빠져 감정 조절이 안 되기 때문입니다.

돌 무렵의 아기가 감정이 폭발하기 쉬운 것도 애초에 전전두엽피질이 미숙해서 감정의 브레이크를 가지고 있지 않기 때문입니다. 브레이크 자체가 없기 때문에 부모가 '그만 울어!'라고 큰 소리로 혼내면 스트레스를 더 가중시키는 악순환에 빠집니다.

지금까지 전전두엽피질의 주요 기능을 알아봤습니다. 이 기능들은 우리가 사회생활을 하는 데 매우 중요한데, 사람은 심리적 위험 상태에 빠지면 이런 기능이 현저히 떨어질 수 있다는 사실을 꼭 기억해야 합니다.

아이가 심리적 위험 상태에 있는지 쉽게 모니터링할 수 있다면 이상적이겠지만 현재의 기술로는 불가능합니다. 그러나 여기서 설명한 내용만 기억해두면 눈앞에 있는 아이의 '평소와 다른 반응'이나 '어른이 이해하기 어려운 언행'이 과도한 스트레스가 원인일지도 모른다는 추정은 할 수 있습니다.

유소년기의 경험에 좌우되는
'반응의 용이성'

'무엇을 스트레스라고 느끼는지(뇌하수체가 반응하는지)' 혹은 뇌 안의 '스트레스 호르몬 수용체의 양'이나 '수용체의 반응성(발현 빈도)'은 사람마다 다릅니다.

예를 들어 스트레스를 받아들이는 수용체의 양, 스트레스 호르몬을 합성하는 양, 스트레스를 완화하는 화학물질의 합성량 등은 DNA에 따라 개인마다 조금씩 차이가 있습니다.

하지만 반응성은 유소년기의 경험이 큰 영향을 미칩니다.

유소년기의 뇌는 매우 유연하고 계속 변화합니다. 그런 유소년기에 과도한 스트레스를 자주 경험하면 Use it or lose it의 대원칙에 따라 스트레스 호르몬 수용체를 활성화하는 회로의 에너지 효율이 높아져 결과적으로 '스트레스에 쉽게 반응하는 뇌'가 됩니다.

'항상 화를 내면 화내는 것에 내성이 생기지 않을까' 하는 의견도 있을 수 있지만 사실은 그 반대입니다. 유소년기에 심하게 혼난 경험을 많이 한 아이일수록 강한 스트레스를 받으면 공격 모드나 도피 모드로 쉽게 변하는 뇌가 될 가능성이 높다는 것이 신경과학의 견해입니다.

심하게 혼낼수록
기억에 남지 않는다는 아이러니

교육 현장에서는 아이들을 심리적 위험 상태로 몰아넣을 요인이 많습니다. 특히 아이들을 불필요하게 심리적 위험 상태로 몰아넣을 가능성이 높은 행위는 질책과 지적입니다. '감정을 드러내며 화를 낸다. 경우에 따라서는 폭력도 휘두른다. 큰 소리는 아니지만 아이에게 지적을 계속한다.' 이런 장면이 우리의 교육 현장에서는 일상입니다.

하지만 차분하게 생각하면 교육이나 인재 육성 현장에서 아이들을 공포로 지배할 필요가 있을까요?

아이들을 심리적 위험 상태로 몰아넣을 만큼 지도 효과가 정말로 있을까요? 나는 많은 경우에서 실제로 누구에게도 이롭지 않는 악순환에 빠져 있다고 생각합니다.

원래 사람을 꾸짖는 행위는 엄청난 에너지를 소모합니다. 하지만 그 많은 에너지를 썼음에도 아이가 심리적 위험 상태에 몰리면 무슨 말인지 알아듣지 못하거나, 주의를 기울이지 못하거나, 옳고 그름을 판단 못 할 수 있습니다.

그 말은 아이가 또 같은 실수를 반복할 가능성이 있다는 것입니다.

그러나 아이의 머릿속이 하얗게 변한 것을 모르는 어른들은 '몇 번을 말해야 알아듣겠어!'라며 점점 더 화를 냅니다. 심하게 화를 낼수록 아이의 머리에 잘 남지 않습니다. 이렇게 되면 서로가 서로에게 스트레스를 주는 관계가 됩니다.

진정으로 아이를 위해 지도한다면 아이가 어른의 말을 잘 듣고 이해하고, 전전두엽피질을 활성화하는 심리적 안전 상태를 확실히 보장하는 것이 아이의 학습으로 연결될 가능성이 높습니다. 반대로 이것은 어른의 스트레스 감소로도 이어집니다.

이런 발상의 전환은 육아 현장에서도 조금씩 퍼져 가고 있습니다. 예를 들어 공원 등에 가면 말을 안 듣는 아이에게 바로 소리를 지르는 부모가 있는 반면, 부드러운 표정과 목소리 톤을 유지하며 고압적이지 않게 아이의 시선에서 눈을 똑바로 보면서 사물의 이치를 설명하려는 부모도 있습니다.

같은 실수를 반복하는 아이가 있다면 '아이에게 문제가 있다'고 생각할 것이 아니라 '어른이 어떻게 전달하고 있는지'에 주의를 기울여보는 것은 어떨까요? 행동 개선이 목적이라면 감정적으로 화내는 것은 단지 하나의 수단일 뿐입니다. 아이가 행동이나 태도를 바꾸지 않는 원인이 고압적인 지도 방식에 있을 가능성이 높다는 사실을 객관적으로 안다면 아이를 대하는 방식도 자연히 달라질 것입니다.

물론 심하게 혼난 결과 아이가 공포심에서 자신의 행동을 바꾸는 경우도 있습니다. 심리적 위험 상태에서도 사고력이 완전히 제로가 되는 것은 아니기 때문에 학습 효과가 완전히 없지는 않습니다. 따라서 생명에 관련된 것을 주의하거나 사람을 다치게 하는 행위를 꾸짖을 경우 일부러 강하게 '정말 안 된다'는 것을 기억하게 하는 것은 그 아이의 인생에 필요한 일입니다. 그래서인지 인간에게는 아이를 혼내는 습성이 생겼다고 생각합니다.

하지만 그런 경우에도 혼나고 있을 때 들은 말은 거의 머릿속에 남지 않을 가능성이 높기 때문에 아이의 기분이 진정된 단계에서 다시 설명해주는 것이 중요합니다.

혼난 기억은
감정과 함께 선명하게 남는다

어른에게 혼나서 심리적 위험 상태에 빠진 아이가 아무것도 배우지 않은 것은 아닙니다. 확실히 배운 것은 '혼난 기억'입니다

인간의 감정을 담당하는 영역은 편도체라고 앞에서 말했습니다. 이 편도체의 중요한 역할은 불안이나 공포의 감정, 투쟁 도피 반응을 일

으키는 것이지만 그 외에도 '감정 기억'을 저장하는 기능도 있습니다.

편도체 바로 윗부분에는 해마라는 부위가 있는데, 편도체와 해마는 두툼한 회로로 연결되어 있습니다. 해마는 인간에게 하드디스크와 같은 역할을 하는데 기억의 장기 저장에 특화된 부위입니다.

그러나 해마에 저장되는 것은 '어떤 때 무슨 일이 있었는지'와 같은 에피소드 기억이며, '그때 어떻게 느꼈는지'와 같은 감정 기억은 별도로 편도체에 저장됩니다.

그리고 감정 기억을 동반하는 에피소드 기억일수록 해마에 단단히 저장되기 쉽다고 알려져 있습니다.

그러니까 무슨 뜻일까요?

사람은 누군가에게서 화난 소리를 듣거나 혼나면 들은 말을 거의 기억하지 못합니다. 반면 혼난 사실과 그때 느낀 충격, 공포, 분노, 불안감, 부끄러움 등의 정보는 강렬하게 기억됩니다. 이것은 인간의 방어 반응의 일종입니다. 자신에게 해로운 사람, 위험한 사람, 적대하는 사람은 선명하게 기억되기 쉽습니다.

시험삼아 여러분의 학창 시절 선생님의 기억을 떠올려 보세요. 자꾸 혼난 기억만이 뇌리에 떠오르지 않나요? '이 사람은 나를 위해 이렇게까지 혼냈구나'라는 해석은 시간이 지난 후에 할 수 있을지 모르지만 혼났을 때의 감정 기억과는 별개의 이야기입니다. 상대에 대한 공포감이나 불신감, 경계심은 쉽게 사라지지 않습니다.

아이에게 어떤 것을 가르치는 수단으로 아이가 공포를 느끼는 수준의 지도를 하는 사람이 있다면 본질적으로 전달하고 싶은 것이 전달되지 않을 뿐 아니라, 의도하지 않은 것이 아이의 뇌에 강하게 인식되고 있을 가능성이 매우 높습니다.

꾸짖고 있는 어른이
심리적 위험 상태에 빠져 있을 가능성

학교와 가정을 아이들이 심리적 안전성을 유지하기 쉬운 환경으로 바꾸는 데 가장 큰 걸림돌은 '아이를 심리적 위험 상태로 몰아넣기 쉬운 어른일수록 본인이 심리적으로 위험 상태에 빠져 있을 가능성이 높다'는 사실입니다. 아이의 심리적 안전성을 지키기 위해서는 먼저 어른이 심리적 안전 상태에 있는 것이 무엇보다 중요합니다.

감정이 쉽게 폭발하는 사람은 스스로도 인지할 텐데 두려워하는 아이의 눈을 보는 순간 정신을 차리고 후회하는 경우가 많을 것입니다. 그런 사람에게 조언하자면 '화를 잘 내는 나'를 반성한다고 해서 근본적인 해결책이 되지는 않습니다. 감정은 인간에게 필요하며 감정 자체를 덮어 버리기는 불가능합니다. 진정으로 문제를 해결하고 싶다면 감정 자체를 탓하기보다 감정 반응을 일으키는 과정에 주목해야 합니다. 예를 들어 다음과 같은 접근법을 생각해볼 수 있습니다.

1. 스트레스를 스트레스로 느끼지 않도록 사고방식을 바꾼다.
예) 아이는 어른의 말을 들어야 한다 → 아이의 주체성을 존중해야 한다
예) 두려움으로 압도하지 않으면 의견이 전달되지 않는다 → 평화적으로 의견을 전달하는 방법이 있을 것이다
예) 아이를 이끄는 것이 어른의 역할이다 → 아이의 성장을 지켜보는 것이 어른의 역할이다

2. 아이와 마주하지 않는 상황에서 스트레스 요인을 줄인다.
예) 부부 관계를 개선한다
예) 푹 잔다
예) 정기적으로 스트레스를 발산한다

3. 자신이 화를 잘 내는 패턴을 인지하고 미리 대응하여 실행한다.
예) 화가 나기 전에 방을 나간다

아오토 미즈토

예) 머리 꼭대기까지 화가 치밀면 억지로라도 무관한 것에
　　의식을 돌린다

예) 평소에 이상적인 대응 방법을 이미지 트레이닝 해둔다

　참고로 방법 3은 3장에서 설명하는 메타인지 그 자체입니다. '화를 억누르려는 것이 아니라 화내지 않는 상황을 만들기 위해 어떻게 하면 좋을지 계속 탐구하고 뇌에 다른 회로를 만들어간다. 자신의 감정을 제대로 파악함으로써 자신의 감정과 잘 대처하는 방법을 배워간다.' 이것이 분노 관리의 본질이며 이를 위해서도 메타인지가 활약하는 것입니다.

스트레스가 없다고 해서
좋은 건 아니야!

이야기를 들은 결과 '그렇구나. 스트레스가 적이구나. 그렇다면 아이를 철저하게 보호하고, 장애물도 하나씩 제거하여 스트레스가 생기지 않는 환경을 만들어줘야지' 하고 생각하는 사람도 많을 것입니다. 강연

이나 교육을 하다 보면 특히 이런 해석을 내리는 부모가 눈에 띕니다.

하지만 그렇게 간단하지 않습니다.

물론 아이에게 스트레스를 전혀 주지 않는 환경을 제공하면 심리적으로 안전할 수 있을 것입니다. 하지만 실제로 사회에 나가 보면 고민, 갈등, 불합리, 압박, 실패, 후회 등 셀 수 없이 많은 스트레스 요인이 기다리고 있습니다.

어린 시절 온실에서 자란 아이가 과연 사회에 나가 자신의 힘으로 살아갈 수 있을까요? 스트레스 요인을 제거해주는 어른이 없으면 살아갈 수 없다는 것은 오히려 자율과는 정반대인 '의존' 상태입니다.

물론 지나치게 심리적 위험 상태만을 만들어내는 학교나 학급, 동아리, 가정이 있다면 아이들의 심리적 안전 상태에 주의를 기울이고, 전전두엽피질을 활용하기 쉬운 환경으로 바꾸는 것이 최우선 과제임에는 틀림없습니다.

그러나 세상의 스트레스를 없애는 것은 불가능하기 때문에 단순히 안전한 상태만을 제공하는 것이 아니라, 아이 스스로 심리적으로 안전한 환경을 만드는 법을 익히도록 어떻게 도와줄 수 있는지 진지하게 고민해야 합니다.

스트레스 적응
메커니즘

원래 사람은 스트레스에 적응하려는 능력을 가지고 있습니다.

스트레스의 정체는 항상성*homeostasis*이 감지된 차이라는 이야기를 앞에서 했습니다. 항상성은 균형 상태를 유지하려는 메커니즘이기 때문에 사람은 스트레스를 받으면 반사적으로 스트레스를 완화하고 어떻게든 적응하려고 합니다. 다만 어른의 스트레스 해소법이 모두 다른 것처럼 아이에게 어떤 것이 최선의 방법인지는 모릅니다.

예를 들어 앞에서 전전두엽피질의 기능으로 '부적절한 행동의 억제'를 소개했는데 부적절한 행동의 예로 자주 언급되는 '스트레스에 의한 폭식'도 스트레스 적응의 일환으로 흔히 보이는 행동입니다.

그럼 스트레스 적응의 메커니즘을 설명하겠습니다.

사람의 신경계는 중추신경계와 말초신경계로 나뉩니다. 전신에 뻗어 있는 말초신경계에는 자율신경이라는 신경계가 있습니다. 자율신경은 '자율'이라는 말에서 알 수 있듯이 본인의 의지로 조절하기가 쉽지 않습니다. 자율신경에는 교감신경과 부교감신경의 두 종류가 있는데 전자는 긴장할 경우, 후자는 이완할 경우에 활성화됩니다.

이 교감신경과 부교감신경은 마치 시소처럼 서로 대립적으로 작용합니다. 스트레스가 과도하게 쌓이면 교감신경이 우세해지지만, 동시에 우리 몸은 부교감신경의 움직임을 유도하려고 합니다.

부교감신경을 우세하게 만드는 몇 가지 행동 패턴이 있는데 사실 먹는 것도 그중 하나입니다. 위에 무언가가 들어가면 위장이 움직이기 시작하고, 위장이 움직이면 부교감신경이 우세해지기 쉽습니다.

따라서 스트레스가 원인으로 폭음과 폭식을 하는 사람은 평소 억누르고 있던 식욕이 폭주하는 것이 아니라 '먹으면 왠지 모르게 안정되고, 그래서 먹지 않을 수 없는' 상태가 된 경우가 많습니다.

같은 이유로 '긴장하면 껌을 씹고 싶다', '스트레스를 받으면 손톱을 물어뜯는다'와 같은 흔한 버릇도 스트레스 적응의 한 표현입니다. 이렇게 생각하면 손톱을 물어뜯는 버릇이 있는 아이에게 어른이 '꼴사나우니까 손톱 좀 물어뜯지 마'라고 야단치는 행위가 적어도 심리적 안전을 만드는 맥락에서는 역효과라는 것을 알 수 있습니다.

어른으로서 해야 할 일은 '또 손톱을 물어뜯고 있네. 뭐가 스트레스일까'라고 생각하고 아이가 스트레스 극복에 필요한 지원을 고민하는 것입니다.

참고로 '울음'도 스트레스 적응의 하나입니다. 사람은 울음으로 인해 부교감신경이 우세해지는데 스트레스 호르몬인 코르티솔을 눈물에 담아 배출하는 기능을 가지고 있습니다. 여러분도 일이나 육아로 바쁜 일상을 보내는 동안 눈물을 쏟게 만드는 영화나 소설을 보면 마치 '마음의 샤워'를 한 것처럼 속이 후련해진 경험이 있을 것입니다. 그런 상쾌함은 몸속의 스트레스 호르몬을 물리적으로 배출하기 때문입니다. '울고 싶을 때는 마음껏 울어라'라는 말을 많이 하는데 신경과학적으로도 그것이 맞습니다.

어린 딸이 하나 있는데 제 뜻대로 되지 않으면 자주 웁니다. 나는 우는 것이 아이의 일이라고 생각하기 때문에 억지로 말리지 않습니다. '이 아이는 지금 열심히 스트레스에 적응하려고 애쓰고 있구나'라는 생각으로 지켜봅니다.

사회에서는 종종 체육계 출신이 스트레스 저항력이 높다는 말을 많이 합니다. 스트레스 저항력이 높은 체육계 출신이 많은 이유는 힘든 환경에서 무언가를 끝까지 해낸 사람일수록 '자신만의 스트레스 적응법'을 경험적으로 익히고 있기 때문입니다.

스트레스 반응을 그대로 받아들여서 이를 악물고 버티는 사람은 드뭅니다. 스트레스를 완화하려는 작용이 자동적으로 일어나기 때문입니다. 그것을 여러 번 경험하면 '나는 어떤 경우에 스트레스에 반응하기 쉽고, 어떤 것을 하면 반응이 약해지는지'를 깨닫습니다.

예를 들어 그것은 신뢰할 수 있는 친구와 이야기하는 것일 수도, 고통스럽게 느껴지는 연습 메뉴를 게임성의 메뉴로 바꿔보는 것일 수도 있습니다. 혹은 힘들 때일수록 자신의 꿈을 재인식하여 도파민성 동기 부여를 이끌어내거나 과제를 세분화하여 부담을 줄이는 것일 수도 있습니다.

이런 구체적인 방법은 어른에게서 배우기도 하고 무의식적으로 실행하고 있을 수도 있습니다.

결국 스트레스 저항력을 높이기 위해서는 '강한 의지력'을 갖는 것보다 자신의 스트레스 반응에 잘 대처하고 관리하는 방법을 경험을 통해 체득해 나가야 합니다.

따라서 어른들은 아이들에게 불필요한 스트레스를 제거하면서 조금씩 스트레스 경험을 쌓게 해주어야 합니다. 이것은 결국 아이 스스로 심리적 안전을 만드는 능력으로 이어집니다.

적당한 '해야 하는데'는 뇌를 활성화시킨다

본질적으로 심리적 위험 상태란 스트레스 호르몬이 과잉일 때를 말합니다.

스트레스 호르몬이 적정 양일 때는 오히려 우리의 인지력, 주의력,

기억력, 집중력 등을 높인다고 알려져 있습니다.

누구나 마감일이 다가오면 큰일 났다면서도 엄청난 집중력으로 일을 마무리한 경험을 해봤을 것입니다. 그때 뇌는 분명 스트레스를 받고 있지만 동시에 우리는 '생산적인 뇌'가 되었다고 느낄 것입니다.

그렇다면 무엇이 뇌에 활력을 불어넣는 것일까요?

그 정체는 '노르아드레날린'이라는 신경 전달 물질입니다. 흔히들 '아드레날린'이라는 표현을 많이 사용하는데 정확하게는 노르아드레날린이라고 합니다. 사실 이것도 스트레스 호르몬의 일종으로 뇌에서도 분비되지만 코르티솔과 마찬가지로 부신피질에서도 나옵니다.

노르아드레날린이 분비될 때는 '해야 한다'는 강한 사명감을 느낄 경우입니다. 쉽게 말하면 엉덩이에 불이 붙었을 때라고 할 수 있습니다. 말하자면 노르아드레날린은 사람의 동기를 높이는 '열정 스위치' 중 하나입니다.

그러나 노르아드레날린성 동기 부여에는 약점이 있습니다.

하나는 노르아드레날린이 과도하게 분비되면 뇌에 이상을 일으키는 것입니다. 공격적이 되거나 패닉이나 히스테리를 유발할 위험이 있다고 알려져 있습니다. 다른 하나는 뇌의 활동성은 높아지지만 '집중하는 대상이 쉽게 바뀌는' 특성이 있습니다.

마감 시간에 집에서 일을 하다 보면 뇌는 맑아지는데 부엌에서 들리는 요리하는 소리나 아이가 혼자 노는 소리가 유난히 신경 쓰일 때가 있습니다. 직장에서 일하는 사람이라면 평소에는 신경 쓰지 않던 복사기 소리나 동료의 웃음소리에 민감하게 반응하는 경우입니다.

이는 뇌 전체의 활동성이 높아진 결과로 모든 것에 감도가 증가하여 일어나는 현상입니다.

이상적인 동기 부여 '도파민'

사람에게는 노르아드레날린의 약점을 보완하는 신경 전달 물질이 있습니다. 바로 도파민입니다. 의학계에서는 DA로 표현하는 경우가 많은데 내가 대표로 있는 DAncing Einstein의 DA가 대문자인 것도 이 도파민에서 비롯되었습니다.

도파민은 '하고 싶다! 알고 싶다! 실현하고 싶다!'와 같은 자기 발신적인 강렬한 열망이나 욕구를 가질 때 분비됩니다. 도파민의 중요한 기능 중 하나는 노르아드레날린과 함께 분비되어 노르아드레날린만으로는 눈에 띄게 나타나는 '산만함*non-preferred direction*'을 줄여주는 것입니다.

아이가 게임에 몰입한 나머지 어른의 목소리가 들리지 않거나 취미 생활에 빠져 시간 가는 줄 모르는 것은 뇌가 도파민에 의한 동기 부여로 자극을 받는 상태입니다.

따라서 아이들의 두뇌 성능을 최대한 발휘하려면 심리적 안전성을 유지하면서 노르아드레날린과 도파민이 동시에 분비되는 상태를 만들어주는 것이 가장 효율적입니다.

나도 이런 뇌의 메커니즘을 알고 일을 하다가 자꾸만 정신이 흩어질 때는 바로 자신을 부감적으로 보고 '지금 나는 해야 하는 감각이 우세해. 도파민을 더 분비해야 돼'라고 생각하고, 하고 싶은 마음이 조금이라도 높아지도록 이 일에 어떤 의미가 있고 이 일을 끝내면 어떤 좋은 일이 생길지를 재인식합니다. 이런 노력은 작은 수고로움이지만 이것만으로도 주위가 전혀 신경 쓰이지 않고 생산성이 비약적으로 오르는 경험을 여러 번 했습니다.

우리 교육의 문제점은 도파민성 동기 부여를 활용할 수 있는 장면이 거의 없다는 것입니다. 아이들의 '하고 싶다' 또는 '어떻게 하고 싶은지'와 같은 감정이 어른의 편의로 무시되는 장면이 너무 많아 아이들의 학습에 악영향을 끼치고 있습니다.

'저걸 해라, 이걸 해라' 등 아이들의 노르아드레날린성 동기를 유발하는 환경은 도처에 널려 있습니다. 오히려 그것이 너무 많아서 정신적으로 궁지에 몰린 아이도 많습니다.

예전에는 도파민성 동기 부여에 기반한 교육이 존재했습니다. 사설 학원입니다. 스승과 제자 관계라고 하면 매우 엄격하고 심리적 위험에 빠지기 쉬운 이미지를 가질 수 있지만, 적어도 '이 스승에게 배우고 싶다!'는 자발적인 동기로 배웠던 아이들에게는 그 엄격함이 오히려 좋은 효과를 가져다주었다고 상상할 수 있습니다.

'아이들을 심리적 위험에 몰아넣지 않는다는 전제를 지키면서 노르아드레날린성과 도파민성 동기 부여를 잘 활용하여 아이의 뇌 능력을 끌어낸다.' 이를 바탕으로 교육의 본질을 검토해 나간다면 우리의 교육이 획기적으로 개선되리라 기대합니다.

물론 이때 주의해야 할 점은 '사람마다 스트레스 반응성이 다르다'는 것입니다.

예를 들어 학교에서 선생님이 A군과 B군에게 똑같이 혼내도 반응하는 방식은 다를 수 있습니다. A군은 '뭐 별거 아냐' 정도로만 느꼈다 해도 B군은 심리적 위험 상태에 빠져 전전두엽피질이 작동하지 않을 수도 있습니다. 그래서 나는 아이들이 '스스로' 자신을 잘 몰아가는 방법을 찾거나 '자신이 요구하여' 트레이너와 같은 제삼자를 통해 내몰아 달라고 요구했으면 합니다.

이처럼 스트레스 반응이 제각각이고 하고 싶은 것도 다르다면 필연적으로 교육 방식도 다양해야 합니다.

획일화된 수업이 반드시 나쁘다고 할 수 없지만 역시 그것만으로는 균형이 안 맞습니다. 미래에 가치를 발휘하는 것은 개성이고 독자성이고, 그 사람에게만 있는 독창성입니다. 한 반에 30명이 있으면 30가지의 호기심과 그 탐구가 있어야 하지 않을까요? 최신 디지털 기술을 활용하면 결코 꿈 같은 이야기가 아닙니다.

자기 긍정감이
스트레스 내성을 높인다

스스로 심리적 안전을 잘 느끼는 아이로 성장시키기 위해 어른이 할 수 있는 일은 스트레스에 적응하는 방법을 배우게 하는 것 외에 '스트레스를 스트레스로 느끼지 않는 뇌'를 키우는 것도 중요합니다.

사실 가장 효과적인 방법은 아이의 자기 긍정감을 높이는 것입니다. 자기 긍정감이란 '나라면 할 수 있다', '나라면 어떻게든 된다'는 자기 이미지를 말합니다.

아이에게 자기 긍정감의 중요성은 교육과 육아 분야에서 자주 언급됩니다.

실제로 자기 긍정감은 심리적 안전과 깊은 관련이 있는데 한 연구에 따르면 자기 긍정감이 높은 상태일수록 스트레스 호르몬의 분비량이 감소하는 것으로 밝혀졌습니다.*Creswell, Welch, Taylor, Sherman, Gruenewald, & Mann, 2005*

자기 긍정감이 높다는 뜻은 자신감이 높은 상태이기 때문에 그만큼 위협이나 불안을 덜 느낀다는 것이 그 메커니즘입니다.

그러나 자기 긍정감은 갑자기 누군가에게서 '자신감을 가져라', '할 수 있다고 믿어라'라는 말을 들었다고 해서 곧바로 생기지 않습니다. 긍정적인 자기 이미지는 '자신을 긍정적으로 인식하는 정보'가 뇌에 충분히 기억되어 있어야 하기 때문입니다.

부정당하지 않는
환경을 만드는 법

주위에서 계속 부정적인 평가를 받거나 문제아로 낙인찍힌 아이는 부정성 편향으로 자기 부정에 빠진 경우가 많습니다. 그 상태에서 자기 긍정감을 키우려면 자기 긍정감이 높아지는 환경에서 반복해서 경험을 쌓아야 합니다.

구체적으로는 다음과 같은 환경이 필요합니다.

- 부정당하지 않는다
- 자신의 의지가 존중받는다
- 실패가 비난받지 않는다
- 남과 비교되지 않는다
- 성취한 것이 제대로 평가받는다
- 성공 경험을 쌓을 수 있다
- 자신의 성장을 실감할 수 있다

바로 구도 교장 선생님이 고지마치 중학교에서 실현한 환경입니다. 유럽이나 미국에서는 매우 흔한 환경입니다.

예를 하나 들겠습니다. 아내는 국제 학교 교장을 지냈으며 지금은 아이들을 개별 지도하고 있습니다. 아내가 돌보는 중학생 여자아이가 일반 학교에서 국제 학교로 전학했습니다. 그 아이에게 학교의 차이점을 물었더니 '국제 학교가 확실히 더 좋다'고 말합니다. 그 이유는 '일반 학교에서는 계속 부정당하기 때문'이라고 합니다. 매우 무거운 말입니다.

물론 국제 학교에 다닌다고 항상 칭찬만 받지 않겠지만 적어도 부정당하는 일은 거의 없습니다.

그런 일은 나도 미국 생활에서 느꼈습니다. 현지에서는 평소 대화에서 자신의 생각을 표현하고 자신을 공개하는 것이 당연하다고 여깁니다. 그럴 때 미국인이 자주 사용하는 대답 중 하나가 'interesting(흥미롭네)'입니다. 실제로는 '잘 모르겠다', '공감할 수 없다'라고 생각할 때 많이 쓰는 말인데 전혀 가시가 없는 대신 긍정적인 인상을 줍니다. 처음 이 말을 들었을 때는 개인의 차이를 존중하는 문화에서 나온 독특한 표현이라고 생각했습니다.

상대를 부정하는 말은 증폭되어 갑니다.

선생님에게서 받은 부정적인 지적이 부모에게 전달되면 부모도 거기에 의식이 집중되어 쫓아가듯 부정적인 정보를 쏟아냅니다. 그러면 아이도 매사 거기에 의식이 흡수되어 어느새 뇌에는 자신에 대한 부정적인 정보가 넘쳐나면서 점점 자신감이 떨어지고, 위협에 민감해지고, 스트레스가 과도한 상태가 됩니다.

더욱이 일본의 경우 아이들 문제의 대부분은 어른들이 멋대로 만들어낸 것뿐이라고 구도 교장 선생님이 자주 지적했습니다. 아이의 특성이 어쩌다 기존의 규칙이나 시스템에 맞지 않을 뿐인데 '왜 이런 걸 못하냐', '다른 사람은 할 수 있는데', '조용히 말을 들어라' 등 핀잔을 줍니다. '있는 그대로의 너로 괜찮아'라고 진심으로 말해주는 어른이 없습니다. 이런 상황에서 아이가 자기 긍정감을 가질 수 없는 것은 분명합니다.

앞서 언급한 중학생 여자아이는 일반 학교에 다닐 때 스트레스의 영향으로 정신적으로 안정되지 못한 면이 보였습니다. 하지만 국제 학교에 다니기 시작한 뒤로는 마음의 여유가 생기고 모든 일에 긍정적으로 임할 수 있었고, 결과적으로 성적도 몰라보게 좋아졌습니다.

'미지의 두려움'을
'새로운 것의 기대감'으로 바꾸다

아이의 심리적 안전성을 생각할 때 고지마치 중학교의 교훈이기도 한 새로운 일에 긍정적으로 임할 수 있는 적극성은 중요한 키워드입니다.

오늘날은 뷰카VUCA(변동성, 불확실성, 복잡성, 모호성)의 시대라고 합니다. 변동Volatility이 심하고, 미래가 불확실하고Uncertainty, 사물의 복잡성이 증가하고Complexity, 다양한 정의가 모호해지는Ambiguity 시대입니다. 여기에 코로나 팬데믹이 세계를 강타하는 등 상황은 더 어려워졌습니다. 이런 환경 속에서 미지의 것, 새로운 것에 거부 반응만 보인다면 불안과 불만이 커질 뿐입니다. 당연히 심리적 위험 상태에 빠지기 쉽습니다.

미지의 것, 새로운 것, 실패할 위험이 있는 것에 불안을 느끼는 것은 뇌가 가진 본능적인 반응입니다. 왜냐하면 우리의 생명을 위협하거나 해를 끼칠 수 있기 때문입니다.

하지만 뇌가 Use it or lose it의 대원칙에 따라 작동하는 한 '불확실성을 극복하는 경험'을 반복하면 미지의 두려움을 줄일 수 있습니다.

- 도전하여 성공한 경험
- 실패했지만 비난받지 않은 경험
- 실패에서 배운 경험
- 창의적으로 문제를 해결한 경험

이런 경험을 반복하다 보면 '미지의 두려움'이 '새로운 것의 기대감'으로 바뀝니다.

그러나 이런 경험은 어른이 강요할 필요가 전혀 없습니다. 아이 스스로가 '하고 싶다!'라고 진심으로 생각하는 것이라면 어느 정도의 어려움은 스스로 극복하려고 노력할 것입니다.

그래서 주위 어른이 아이의 호기심이나 도전 정신과 같은 도파민성 동기 부여를 저해하지 않는 것이 중요합니다.

인간은 본능적으로 불안감을 가지고 있는 동시에 호기심도 가지고 있습니다. 특히 아이들은 원래 호기심 덩어리입니다. 그리고 그 호기심을 끌어내는 것이 'Sense of Wonder'입니다. '이게 뭐지?' '왜 그럴까?' '한번 해봐야겠다'와 같은 아이들의 내면에서 우러나오는 감정입니다. 구도 교장 선생님의 말에 따르면 이것은 '당사자 의식' 그 자체이며, 당사자로서 문제와 마주할 때만이 '이럴 때는 어떻게 하면 좋을까?'라는 긍정적인 사고가 가능해집니다.

그러나 자신의 감정이 원해서 한 행동에 대해 주위에서 부정적으로 평가하거나 행동에 제약이 가해지는 환경에서 자란 아이는 자신이 발산하는 '하고 싶다'는 충동에 문을 걸어 잠급니다.

그뿐만이 아닙니다. 시키는 대로 해서 칭찬받는 경험을 몇 번 반복하면 뇌는 패턴 학습을 통해 '시키는 대로 하는 것이 편하다', '모험은 좋지 않다'고 판단합니다.

심리적 안전 상태를 스스로 만들게 하려면 무엇보다 아이를 부정하지 말아야 합니다. 그리고 아이가 하고 싶어하는 것을 존중하고 스스로 시행착오를 겪도록 내버려둬야 합니다.

Memo.

chapter

2

아이가
안심하는
환경을
만든다

: 구도 유이치

아이들을 심리적 위험으로 내모는
교육 현장

아오토 씨의 설명을 듣고 많이 놀랐을 것 같습니다.

'사람은 스트레스가 허용치를 넘어서면 심리적 위험 상태에 빠지고 이성적으로 자신을 통제할 수 없다….'

나도 어렸을 때 학교에서 자주 야단을 맞았기 때문에 아오토 씨의 설명을 듣고는 공감했습니다. 여러분도 어렸을 때 자주 야단을 맞았다면 정말 그렇게 생각할 것입니다.

예를 들어 ADHD(주의력 결핍 과잉 행동 장애) 등 발달 특성이 있는 아이가 수업 중에 자신의 충동을 억제하지 못하고 있는데 그때 교사가 야단치면 아이는 점점 더 감정 조절을 못하거나, 부적절한 행동을 멈추지 못하거나, 이성적으로 생각하지 못합니다. 그런 모습을 지켜본 교사는 상황을 진정시키지 못한 자신의 무능함에 대한 부끄러움과 함께 감정이 폭발하여 안 된다는 것을 알면서도 아이를 때리기도 합니다.

이런 슬픈 광경은 전국의 학교에서 볼 수 있습니다.

사실 이때 아이도 선생님도 심리적 위험 상태에 빠져 있을 가능성이 높습니다. 물론 교사와 학생 사이뿐만 아니라 부모와 자녀, 선배와

후배 사이에서도 흔히 볼 수 있는 광경입니다.

학교만 보더라도 학생들을 심리적 위험으로 내모는 스트레스 요인은 질책만 있는 것이 아닙니다.

- 교칙
- 체벌
- 대인 관계
- 원만함
- 특별활동
- 단결
- 성적표
- 숙제
- 시험
- 순위
- 평균 점수
- 수험

열거하자면 끝이 없습니다. 지금의 학교에서는 이러한 스트레스 요인에 짓눌려서 하루하루를 힘겹게 보내는 아이가 많습니다.

교육 관계자들은 현재 당연시되고 있는 교육 환경이 아이들 개개인의 두뇌 발달에 어떤 악영향을 끼치고 있는지 다시 생각할 필요가 있습니다.

♥
심리적 안전을 높이는
두 가지 요인

아이의 성장에는 몸의 성장과 두뇌의 성장이 있는데, 두뇌의 성장은 단순히 지식만 채우는 데에 있지 않습니다. '두뇌를 마음껏 사용하면서 생각하는 힘, 창조하는 힘, 대화하는 힘, 감정을 조절하는 힘 등을 다양한 경험을 통해 단련해 나간다.' 이것이 아이가 사회에 나갔을 때 살아가는 힘의 초석이 됩니다.

하지만 학교와 가정이 아이에게 긴장감, 혐오감, 불신감으로 가득 찬 환경이라면 아이의 뇌는 스트레스를 받아 두뇌를 훈련시킬 여유가 없습니다. 뇌를 자유롭게 키우기 위해서는 가능한 한 아이의 두뇌에 불필요한 부담을 주지 않고 심리적으로 안전한 상태를 유지하는 것이 중요합니다.

이를 위해 학교는 두 가지를 동시에 실현해야 합니다.

하나는 역시 교육 현장을 아이들이 안심할 수 있는 환경으로 만드는 것입니다.

키워드로 풀면 '실패해도 괜찮아', '실패야말로 배움이야'라는 말이 됩니다. 이를 단순한 구호로 끝내는 것이 아니라 모든 것이 허용되는 환경을 조성하는 것이 중요합니다.

그렇다고 해서 항상 안심하고 안전한 곳을 만들 수 있느냐 하면 또 그렇지 않습니다. 사회에 나가면 여러 문제가 혼재합니다. 그런 문제나 환경의 변화 등으로 인한 스트레스에 강한 뇌를 만드는 것도 아이의 성장을 위해 필요합니다. 즉 심리적으로 안전한 상태를 스스로 잘 만들도록 뇌를 키우는 것입니다.

교육자의 역할은 이 두 가지로 집약됩니다.

돌이켜보면 교육계에서 '유토리 교육(학생의 개성을 강조하여 교육 내용을 축소하고 여유 있는 학교를 지향하는 일본의 교육 방식-옮긴이)'이 한창 유행할 때 이 교육법을 오해하는 사람이 많았기 때문에 나는 아이들과 학부모들에게 '물리적인 시간을 늘리는 것보다 여유를 느낄 수 있는 힘을 기르는 것이 더 중요하다'고 자주 말했습니다.

예를 들어 학교에서는 학급위원과 동아리 부장, 학교 축제 실행위원장을 하면서도 친구도 잘 사귀고 시험 공부도 잘하는 아이가 학년에 몇 명 있습니다. 남들이 보기에 엄청나게 바빠 보이지만 본인은 그것을 즐기고 있기도 합니다.

반면 학교 활동에는 거의 참여하지 않고 집에서 게임만 하다가 시험 기간이 다가오면 갑자기 당황하여 '바쁘다! 시간이 없어!'라고 말하는 아이도 있습니다.

이 둘의 차이는 시간 관리를 포함해 스스로 자신을 통제하고 성찰하는 능력(주로 메타인지 능력)이 있는가 하는 점입니다.

아이들에게 '여유'를 주는 것이 목적이라면 일률적으로 시간을 늘리는 것은 대증 요법에 지나지 않습니다. 본질적인 해결책은 스스로 여유를 만들어낼 수 있는 능력을 기르는 것입니다. 어느 정도 스트레스가 있을 때가 자신을 통제할 수 있는 힘의 한계를 알 수 있습니다.

아이의 자기 결정권을 부여하는 '세 가지 말하기'

안심할 수 있는 환경과 스트레스에 강한 뇌를 만드는 것을 동시에 할 수 있는 마법 같은 말이 있습니다. 고지마치 중학교에서는 '세 가지 말하기'라고 부르는데 아이에게 문제가 생겼을 때 전 교직원이 대응 지침으로 삼고 있습니다. 물론 보호자들에게도 가능하면 가정에서 사용하도록 소개합니다.

그 말은 다음의 세 가지입니다.

1. 무슨 일이야? (어떤 곤란한 문제라도 생겼어?)

2. 너는 어떻게 할래? (앞으로 어떻게 할 생각이야?)

3. 무엇을 도와주면 좋겠어? (선생님이 해줄 수 있는 게 있어?)

이 세 가지 말은 학교와 가정, 직장에서 바로 사용할 수 있습니다.

고지마치 중학교는 지역 특성상 경제적으로 부유하고 교육열이 높은 가정이 많아 지역 아이 대부분이 초등학교와 중학교 입시를 치릅니다. 지금은 학교의 교육 정책에 대한 인지도가 높아져 제1지망으로 입학하는 학생 비율이 높아졌지만, 내가 교장으로 부임한 초창기에는 신입생 대부분이 중학교 입학고사에 실패한 제2지망 이하의 아이들이었습니다.

그래서 매년 새학기가 시작되는 4월이 되면 학교 안은 상처받은 아이들로 넘쳐났습니다. 주체성을 잃은 열등 의식이 가득한 아이들이 많았습니다. 개중에는 초등학생 시절 장기 무단 결석했던 아이들이 한 줄기 희망을 걸고 고지마치 중학교에 입학하는 경우도 있습니다.

'학교는 믿을 수 없다.'

'부모도 어른들도 싫다.'

'선생님 따위 모두 적이다.'

'믿고 의지할 수 있는 친구가 있을 리 없다.'

이 아이들을 내가 하는 일에 주인이 되고자 하는, 당사자 의식을 가지고 주체적으로 생각하고 판단하고 행동하는 자율적인 인간으로 변화시키는 것을 고지마치 중학교에서는 '재활'이라고 부릅니다. 이 재활에서 중심 역할을 하는 것이 '세 가지 말하기'입니다. 아이의 심리적 안전성을 유지하면서 메타인지 훈련을 하는 수단으로 현재로서는 이 말하기보다 나은 방법이 없습니다.

첫 번째 말하기는 '무슨 일이야?'로 아이가 처한 상황을 언어화합니다. 이 말하기는 메타인지에 필요한 자신의 내면을 의식하는 훈련이 됩니다. 핵심은 아이가 무엇을 하든 무조건 혼내지 않는 것입니다.

두 번째 말하기는 '너는 어떻게 할래?'로 아이의 의지를 확인합니다. 자신이 처한 상황을 어떻게 해결할지 방법을 찾도록 계기를 마련하는 것입니다.

세 번째 말하기는 '무엇을 도와주면 좋겠어?'로 문제 해결에 도움을 줍니다. 실제로는 어른이 선택권을 주는 형태가 많지만 어떤 도움을 받을지, 혹은 아예 도움을 받지 않을지를 아이가 결정합니다. 동시에 교사가 지원을 하겠다는 의지를 표명함으로써 아이도 '선생님은 내 편'이라고 인식하게 되고, 이는 심리적 안전성에 도움이 됩니다.

어른들이 이 세 가지 말하기를 반복함으로써 결과적으로 고지마치 중학교 아이들은 스스로 결정할 수밖에 없는 환경에 놓입니다.

이와 같은 환경은 육아에서도 중요한 부분인데 부모가 입과 손을 과도하게 내밀지 않고 항상 아이에게 자기 결정의 기회를 주면, 아이는 자기 긍정감이 높아져 자신감과 주체성이 저절로 생깁니다. 왜냐하면 자기 긍정감은 '지금 이대로의 나로 괜찮다'는 자신에게 오케이 신호를 주는 것이기 때문입니다.

스스로 결정하게 하는 것은 아주 사소한 일이라도 상관없습니다. 먼저 아이 스스로 결정할 수 있음에도 어른이 마음대로 정해주는 것은 아이의 자신감과 주체성을 빼앗는 일임을 이해해야 합니다.

학교에 강한 불신을 가지고 입학한 아이라도 교직원 모두가 '세 가지 말하기'를 반복하면 빠르면 7개월, 늦어도 1년 반이면 당사자 의식을 가지고 문제 해결에 임할 수 있습니다. 이런 아이들의 태도가 바뀜으로써 등교 거부 아이와 왕따와 같은 괴롭힘이 줄어듭니다. 학교를 둘러보러 온 사람들은 불안해하는 1학년의 수업과 차분한 3학년의 수업 모습의 차이에 놀라곤 합니다.

핵심은 '아이를 혼내지 않기'와 '아이 스스로 결정하기'라는 두 기둥을 동시에 실현하는 데 있습니다. '혼내지 않는다'만으로는 학교가 방만해질 뿐이고, 아이에게 결정권을 주어도 그것을 어른이 매번 지적하면 결정하기가 싫을 것입니다. 이 두 기둥이 동시에 있어야 '아, 이 학교는 조금 잘못해도 괜찮구나. 다시 시작하면 되겠어. 다른 것에 도전할 수 있어'라는 안도감이 생깁니다.

세 가지 말하기로
아이는 바뀐다

세 가지 말하기가 아이의 의식을 어떻게 바꾸는지 구체적인 예를 소개합니다.

고지마치 중학교에서는 매년 4, 5월이 되면 수업 중에 교실을 뛰쳐나오는 아이가 한 반에 한 명씩 있습니다. 순식간에 일어나기 때문에 선생님이 알아차렸을 때는 이미 늦은 뒤입니다. 교무실로 연락이 오면 선생님들도 익숙한 듯 '나는 1층에서 찾겠습니다', '나는 6층 화장실을 중심으로 살펴보겠습니다'라며 남아 있는 선생님이 총출동해 수색을 시작합니다.

그러다 학생을 찾으면 교사는 화난 표정 대신 첫 번째 말하기인 '무슨 일이야? 어떤 곤란한 문제라도 생겼어?'라고 묻습니다. 보통의 학교라면 '너, 뭐하는 거야? 얼른 교실로 돌아가!'라고 호통을 치는 것이 일반적일 것이기 때문에 이 시점에서 아이는 깜짝 놀랍니다.

하지만 이뿐이라면 '혼나지 않아서 다행'이라는 인식이어서 바로 마음을 열지 않습니다. 특히 입학한 지 얼마 안 된 아이는 학교와 선생님을 신뢰하지 못해서 폭언을 하는 경우도 많습니다.

'왜 학교에 가야 하는지 모르겠어요.'

'그 수업은 정말 재미없는데.'

'영어를 왜 해야 하나요?'

'저 선생님, 나를 싫어하는 것 같아요.'

이처럼 저마다 다양한 이유가 있지만 유형은 대체로 같습니다.

아이의 말을 들은 교사는 그 말을 부정하지 않고 있는 그대로 받아들입니다. '그렇구나'라며 아이의 이야기를 차분히 들어줍니다. 그런 다음에 두 번째 말하기인 '그래서 앞으로 어떻게 할 생각이야?'라고 묻습니다.

갑자기 '넌 어떻게 할래?'라고 물어도 스스로 생각하는 습관이 없는 1학년은 쉽게 대답하지 못합니다. 문제에 부딪히면 남의 탓으로 돌리는 습관이 몸에 배어 있어 머리가 잘 돌아가지 않고, 애초에 학교를 신뢰하지 못하기에 자신의 요구가 어디까지 받아들여질지 모르기 때문입니다. 개중에는 '어, 이 선생님이 날 바보로 아나' 식의 반응을 보이는 아이도 있습니다.

대답을 기다려도 상황이 바뀌지 않는 경우가 많기 때문에 교사는 여기서 세 번째 말하기를 사용하여 아이에게 선택권을 줍니다.

'선생님이 해줄 수 있는 게 있어? 뭐, 내가 해줄 수 있다면 다른 교실을 찾아보는 정도일 거야. 그러니까 넌 이제 교실로 돌아가서 1시간만 참으면서 수업을 들어도 되고, 선생님이 준비해줄 수 있는 별실에 가서 하고 싶은 걸 해도 돼. 어떻게 할래?'

이렇게 말하면 대다수 아이는 별실로 간다고 대답합니다. 이후 '1시간이면 되겠니?', '1시간이면 돼요'와 같은 대화가 이어집니다.

여기서 주목해야 할 점이 마지막은 반드시 스스로 결정하는 형태가 되어야 한다는 것입니다.

수업에 집중하지 못하는 아이를 위해 준비해둔 별실은 어느 학교를 가나 있습니다. 다만 대다수 학교에서는 교실로 억지로 데려온 아이가 다시 난동을 부리거나 하면 '넌 별실에 가 있어!'라고 아이들 앞에서 혼나고 강제로 보내집니다.

강제로 별실로 간 아이는 자기 결정권을 행사하지 않았기 때문에 그 일에 불만을 가집니다. 하지만 자신의 의지로 별실로 간 아이는 불만을 가지기보다 '내가 미운털이 박히지 않았구나', '선생님은 적이 아니구나'라는 생각이 서서히 싹틉니다.

어른이 꾸짖으면 아이의 머릿속은 공황 상태가 되어 '이 상태에서 빨리 벗어나고 싶다'는 생각밖에 할 수 없습니다. 그러면 또다시 같은 일이 반복될 뿐입니다. 가능한 한 아이를 심리적 위험 상태에 몰아넣지 않고 생각할 수 있는 여지를 남겨주는 것이 중요합니다.

처음에는 교사가 선택권을 주는 방식으로 자기 결정을 내린 아이라도 그것을 여러 번 반복하다 보면 자기 결정에 익숙해지고, 자신이 어떻게 하면 좋을지 나름대로 생각합니다.

이것이 당사자 의식이 싹트는 순간입니다. 즉 자신의 문제를 남의 탓으로 돌리지 않고 자신의 일로 생각하게 되는 것입니다.

'다시 교실을 뛰쳐나가고 싶은 마음이 들기도 한다. 하지만 그건 좋은 방법이 아닌 것 같아. 누구에게도 폐가 되지 않는 방법이 없을까' 등의 생각을 합니다.

그러다 몇 달이 지나면 자신이 싫어하는 수업 시간 전에 교무실로 와서 자신이 신뢰하는 선생님에게 '오늘 컨디션이 너무 안 좋아서 다음 수업은 못 할 것 같아요. 별실에 가도 될까요?'라며 상담합니다.

'그래 좋아. 그럼 오늘은 뭘 할래?'라고 물으면 처음에는 선생님이 건네준 태블릿으로 유튜브를 보는 정도밖에 할 줄 모르던 아이가 '지금 읽고 있는 책이 있는데 그걸 읽어도 되나요?', '수학 문제 풀어도 되나요?'라고 말하기 시작합니다.

심리적 안전이 보장된 환경에서 자기 결정을 반복하다 보면 아무리 당사자 의식이 없는 아이라도 이렇게 할 수 있습니다.

혼내는 것이
목적이 되어서는 안 된다

학교와 가정을 아이들이 안심할 수 있는 곳으로 바꾸기 위해 어른들이 가장 먼저 의식해야 할 점은 '어른이라면 단호하게 혼내야 한다'는 생각을 버리는 것입니다. 질책은 아이의 의식과 사고방식을 바꾸기 위한 하나의 수단일 뿐인데 혼내는 것이 목적이 되어 버린 어른이 많습니다.

혼내는 것이 무조건 나쁘다고는 할 수 없습니다. 고지마치 중학교에서도 아이의 생명과 관련된 일에는 주저없이 혼내는 것을 전 교직원이 공유합니다. 하지만 그 외의 일에는 함부로 혼내지 않습니다. 물론 체벌과 같은 폭력적인 행위는 말할 것도 없이 당연히 안 됩니다. 왜냐하면 아이가 어떻게 바뀔지의 '결과'가 중요하고, 혼낸다는 행위는 이를 위한 '수단'일 뿐이기 때문입니다.

아오토 씨의 설명처럼 애초에 어른이 아무리 장황하게 잔소리를 해도 아이의 머리는 하얗게 질려서 내용의 절반도 전달되지 않을 수 있습니다. 잘못한 것이 기억에 강렬하게 남아 자기 부정이 커질 수도 있습니다. 혼내는 어른에 대한 두려움이나 혐오감이 커져 정신적으로 유대감을 잃을 수도 있습니다.

그런 부정적인 영향을 모두 예상하고 '그래도 혼낼 가치가 있다'고 판단했다면 혼내면 됩니다. 그렇게까지 생각하지 않았다면 이번 기회에 생각을 바꿔보는 것은 어떨까요?

혼내는 것이 목적화되면 흔히 일어나는 일이 있습니다. 아이들을 '동일하게 혼내자'고 생각해 버리는 것입니다. 어느 학교에서나 흔히 볼 수 있는 광경입니다.

예를 들어 문제 행동을 하는 아이는 등교해서 하교할 때까지 여러 선생님에게 혼납니다. 그 아이는 아직 자신의 행동을 통제하는 법을 익히지 못했을 뿐인데 동일하게 혼내는 것이 옳다고 생각하는 선생님이 보기에 그 아이는 혼나야 할 대상이 됩니다. 아이 입장에서는 참을 수 없는 일입니다.

훌륭한 교사는 그런 학생이 있어도 정말 중요한 것을 알려줘야 할 때를 제외하고는 혼내지 않습니다. 실제로 혼내야 할 때도 큰소리를 내는 일은 거의 하지 않습니다.

왜냐하면 그 아이는 이미 여러 번 혼나서 스트레스가 넘쳐나고 있을 것이기 때문입니다.

만약 진지하게 아이를 생각한다면 당연히 아이의 상황과 특성에 따라 혼내는 방법이 달라져야 합니다. 일정한 기준으로 똑같이 혼내는 것은 언뜻 옳은 일처럼 보이지만 사실 그렇지 않습니다.

많은 경우 이렇게 혼내는 방법을 조절하다 보면 가끔 야단칠 정도의 아이가 정해져 선생님이 편애한다는 말을 듣습니다. 실제로 많은 교사가 편애한다는 소리를 듣기 싫어서 극단적으로 평등을 의식합니다.

나는 편애라는 말을 들으면 아이들에게 이런 식으로 말합니다. '나는 너희 모두를 똑같이 소중하게 생각한다. 그래서 야단치는 방식을 바꾸고 있다. 만약 너와 같은 잣대로 다른 친구를 혼내면 그 아이는 아침부터 저녁까지 혼이 날 텐데 너는 그걸 원하니? 만약 네가 그 아이 입장이라면 괜찮겠어?'

그러면 대다수 아이는 '아, 그런 거였구나' 하고 납득합니다.

가정에서도 흔히 있는 일입니다.

부모는 아이의 성격을 가장 잘 알기 때문에 형제자매가 있어도 꾸짖는 방법을 달리하기도 합니다. 하지만 어느날 아이가 '차별하지 말아요'라고 하면 부모의 애정이 편파적이라는 오해를 받고 싶지 않아서 똑같이 꾸짖게 됩니다. 그러면 원래 상처받기 쉬운 아이가 스트레스의 허용치를 넘어서는 일이 일어날 수 있습니다.

다시 강조하지만 혼내는 것은 수단일 뿐입니다. 최우선으로 고려해야 할 것은 아이의 성장입니다. 물론 교직에 종사하면서 아이를 혼내야 하는 경우도 생길 수 있습니다. 하지만 그때도 무조건적으로 혼내는 것이 아니라 어떻게 하면 아이의 기분이 상하지 않을지 고민하고 혼내는 타이밍, 순서, 강도, 장소 등을 조정해 나가는 과정이 필요합니다.

♥

어른도 못하는 일을
아이에게 요구하지 않는다

학교를 아이들이 안심할 수 있는 공간으로 바꾸는 가장 빠른 방법은
어른도 할 수 없는 이상적인 인간상을 아이들에게 요구하지 않는 것
입니다.

- 모두와 사이좋게 지냅시다
- 단결합시다
- 마음을 하나로 뭉칩시다
- 차별하는 마음을 갖지 맙시다
- 남을 배려하는 마음을 가집시다
- 인내심을 가집시다
- 감사하는 마음을 가집시다

이 외에도 여러 가지가 있습니다. 이것들의 공통점은 '마음'의 상태
를 이야기하고 있습니다. 이런 마인드의 소유자가 되는 것을 목표로 하
라는 말입니다. 하지만 현실적으로 이런 '이상적인 인간'이 이 세상에

얼마나 있을까요? 엄격한 수행을 쌓은 종교인이라 할지라도 드물 것입니다. 중국의 사상가 공자조차도 70세가 되어서야 비로소 가능했다고 합니다.

그러나 학교에서는 '이래야 한다'는 목표치를 높게 두고 선을 그어놓기 때문에 그곳에 도달하지 못하는 상태를 '불행하고 부끄러운 일'로 느끼게 하는 구조로 되어 있습니다. 이상을 내세우는 것이 잘못된 것은 아니지만 이상에 다가가는 기술을 함께 가르치지 않으면 아이에게 스트레스만 줍니다.

예를 들어 교사나 부모에게서 '반 친구들과 사이좋게 지내라'는 말을 계속 듣는 아이는 아무리 해도 잘 지내지 못할 경우 '나는 친구와 잘 지내지 못하는 못난 놈'이라는 불필요한 스트레스를 받습니다. 발달적 특성으로 의사소통에 서툴러 친해지는 것을 어려워하는 아이라면 더욱 그렇습니다.

본래 어른들이 아이들에게 가르쳐야 할 것은 '사람마다 생각과 자라온 환경이 다르기 때문에 친해지기가 쉽지 않은 게 당연해. 친해진다는 건 어려운 일이야. 하지만 친할 수 있으면 좋겠어. 친하게 지내는 방법을 생각해보자'와 같은 현실적인 처방입니다.

차별과 배려도 마찬가지입니다. 인간은 자신과 다른 것을 싫어하는 이기적인 존재라는 사실을 인정하고 '차별하는 마음은 쉽게 없어지지 않지만 차별하지 않는 행동만 의식하면 누구나 할 수 있어'라고 아이에게 말해주지 않으면 아이는 마음만 신경 쓰여 행동을 바꾸려는 의식이 생기지 않습니다.

그래서 고지마치 중학교에서는 '마음 교육'보다 '행동 교육'을 중시합니다.

예를 들어 희망자를 대상으로 실시하는 리더 양성 연수에서는 '사람은 움직이지 않는 법이다'라는 것을 입버릇처럼 가르칩니다. 사람을 움직이기가 어렵다는 것이 전제가 됨으로써 사람을 움직이지 못했을 때 자신감을 잃지 않고 '그럼 어떻게 하면 사람을 움직일 수 있을지' 건설적인 사고를 할 수 있도록 유도합니다.

감정 조절도 마찬가지입니다. 사람은 짜증을 잘 낼 뿐만 아니라 상처 주는 말을 하는 존재라는 것을 출발점으로 삼으면 '그럼 어떻게 하면 잘 조절할 수 있을까?'라는 발상이 떠오릅니다.

이런 사고를 매일 하다 보면 아이들의 의식과 행동이 바뀌어 3학년쯤 되면 왕따나 괴롭힘이 대부분 없어집니다. 많은 학생이 제각각 다르다는 것을 깊이 이해하고, 남을 비난하지 않고 자기 나름의 대처법을 생각할 수 있어 반에 조금 특이한 아이가 있어도 '저 아이와 잘 지내기 위해서는 이렇게 하는 것이 좋겠지'라고 의식하는 것입니다.

♥

실수나 실패해도 괜찮음을
철저히 지킨다

실패를 허용하는 환경이 만들어지면 아이들은 매일 여유롭게 학교 생활을 하고, 매사 긍정적으로 생각할 것입니다. 하지만 학교라는 거대한 조직에서 '실패해도 괜찮은 환경'을 만드는 일은 하루아침에 되지 않습니다. 관리직과 교직원, 교사와 교사, 교사와 학생. 학생과 학생 사이에 '사람은 실수한다', '완벽한 사람은 없다', '실패를 탓하지 않는다'는 공통 인식이 퍼져 나가야 진정한 심리적 안전성을 느낄 수 있습니다.

예를 들어 교장인 내가 교사들에게 '세 가지 말하기'를 철저히 지키라고 하면서 내가 교사들에게 목소리를 곤두세우면 교사도 아이들의 실패를 탓하게 됩니다.

그래서 나는 함부로 목소리를 높이지 않으려고 노력합니다. 사람은 당연히 실수를 합니다. 고지마치 중학교에서도 작은 실수나 사고는 가끔씩 일어났습니다. 그때마다 내가 전 교직원에게 꼭 해왔던 말이 있습니다.

'이번에 사고가 발생했는데 그 책임을 누군가에게 떠넘기거나 '모두가 더 주의합시다'라는 말만으로는 해결될 수 없습니다. 앞으로도 아무리 의식해도 사고는 일어날 수 있습니다. 애초에 사람은 누구나 실수를 하는 법입니다. 실수는 언제든 일어날 수 있습니다. 사람이 아닌 시스템을 탓하세요. 학교 경영을 개선하기 위해서는 실수가 일어나기 어려운 구조를 고민하는 것이 중요합니다. 실수가 발생해도 사고로 이어지지 않는 구조는 무엇일까? 사고가 발생해도 최소한의 피해로 막을 수 있는 구조는 무엇인가? 그런 것을 전 교직원이 심도 있게 논의하면 좋겠습니다.'

실수가 생기면 사람은 자꾸만 남을 탓하고 싶어합니다. '평소에 대충대충 하니까 그렇게 되는 거지. 필요 없는 대응까지 해야 해서 귀찮아'라고 생각하는 사람이 있는 것도 당연합니다. 또 오히려 실수를 자주 하는 직원이 있어서 마음이 편하다고 생각하는 사람도 있을 수 있습니다. 자신의 평가가 상대적으로 높아져 심리적 안전 지대에 들어갈 수 있다는 것을 알고 있기 때문입니다. 이는 직원들 간의 위계질서와 왕따 구조가 일상화되기 쉬운 이유 중 하나이기도 합니다.

다만 이런 구조가 만들어지는 근본적인 이유는 '사람은 누구나 실수한다'는 당연한 사실을 주위 동료가 받아들이지 못하기 때문입니다.

이 '받아들인다'는 것은 나중에 설명할 메타인지의 핵심 부분입니다. '주의력 산만'이라는 과제가 부각된 상황에서 본인에게 '반성'을 촉구한다고 해서 얻는 것은 없습니다. 중요한 것은 '반성'이 아니라 '수용'입니다. 본인은 물론 주위도 그것을 받아들이는 순간 '그렇다면 조직으로서, 개인으로서 사고를 예방하기 위해 어떤 구조를 만들면 좋을까'를 생각하게 됩니다.

젊은 교사가 학부모 대응에 실패하는 경우가 종종 있습니다. 그러면 그 교사는 크게 낙담하여 자신감을 잃습니다. '나는 교사가 맞지 않은 것 같아'라고 말하는 사람도 있습니다.

그때 나는 이렇게 말합니다.

'그런 실패는 여기 있는 모든 교사가 해요. 일어난 일은 신경 쓰지 마세요. 학부모 대응에 실패했다면 앞으로 어떻게 대응하느냐가 중요하지 않겠어요? 지금의 상황을 어떻게 하면 해결할 수 있을지 생각해 보자고요. 나 같으면 오히려 이번을 기회로 삼아 어떻게 하면 학부모의 신뢰를 얻을 수 있을지 고민할 것 같아요.'

실패를 받아들이기 위해서는 과거로 눈을 돌리지 않는 것이 중요합니다. 과거로 눈을 돌리면 심리적으로 안심하고 안전한 환경을 얻을 수 없습니다. 배우기 위해 과거를 보는 것은 좋지만 반성하기 위해 과거를 본다면 처음부터 보지 않는 것이 좋습니다. 나는 항상 미래만 생각하는 조직이 되자고 자주 말합니다.

이런 일이 교사 수준에서 여러 번 반복되면 아이들을 대하는 교사의 태도는 극적으로 변합니다. 어른도 미숙하다는 것을 받아들이게 되니까 '아이가 미숙한 건 당연하겠지'라는 의식으로 바뀌는 것입니다.

세 가지 말하기는 어느 학교나 가정에서 활용할 수 있습니다.

그러나 실패해도 괜찮다는 의식의 변화가 확고하게 자리 잡지 않은 상태에서는 '세 가지 말하기'를 사용하려고 해도 생각대로 되지 않을 것입니다. 아이의 행동을 용납할 수 없다고 생각하는 순간 강한 스트레스 반응이 일어나고, 심리적 위험 상태가 되어 감정이 폭발하기 때문입니다.

아오토 씨가 지적한 것처럼 사람의 사고 패턴을 바꾸기 위해서는 새로운 회로에 의식적으로 자극을 계속 주어야 합니다. 따라서 핵심은 '실패를 받아들이는 것'과 '완벽한 사람은 없다'는 의식을 확고하게 유지하는 것입니다. 아이의 실수를 탓하는 자신을 발견하면 '아니야, 나도 실수할 수 있어'라고 되새겨보세요.

반복하다 보면 뇌의 반응 방식이 바뀝니다.

♥

어른이 완벽한 인간을
연기하지도 목표로 하지도 않는다

실패를 허용하는 환경을 만드는 데 있어 핵심은 교사와 부모가 완벽한 인간을 연기하려고 애쓰지 않는 것입니다. 아이에게서 존경받는 존재가 되고 싶다거나 롤모델로서 모든 것을 완벽하게 해내는 이상적인 어른의 모습을 보여주고 싶은 마음은 충분히 이해합니다. 하지만 완벽함을 연기할수록 아이는 자신의 작은 실수조차 오점처럼 느끼고, 그것이 아이의 심리적 안전성을 위협합니다.

사실 나도 교사가 된 첫해에는 아이들에게 존경받고 싶어서 나의 장점만 필요 이상으로 어필한 시기가 있었습니다. 그러다 보니 교사가 되기 전에는 하고 싶지 않았던 설교를 아침 조회 시간에 당연하다는 듯이 했습니다.

그러자 놀랍게도 아이들과 마음의 거리가 멀어졌습니다. 내가 자주 야단치던 아이는 물론이고 나를 좋아하던 아이까지 떠나갔습니다.

그러던 어느날 방과후에 마음먹고 아이들에게 물었더니 대답은 분명했습니다.

'선생님만 좋은 사람이 되어 있지 않나요?' 이 한마디에 '정말 그렇네. 미안하다. 까맣게 몰랐어'라고 말하고, 그날 이후로 나는 적극적으로 자신을 드러내려고 노력했습니다. 특히 하루의 시작인 아침 조회 시간에 과거 부끄러웠던 나의 실패담을 자발적으로 아이들에게 이야기했습니다.

당시는 아직 어린 시절의 기억이 생생했기 때문에 예전에 했던 장난이나 남에게 상처를 준 이야기, 실수한 이야기, 망신당한 이야기 등을 퀴즈 형식으로 재미있게 들려주었습니다. 아이들도 '선생님도 그런 실수를 했구나!'라며 놀라워합니다. 그 놀라움의 크기는 내가 완벽한 인간을 연기하는 과정에서 아이들이 쌓아놓은 딱 그 벽만큼입니다.

그렇게 매일 아침 나를 소재로 큰 웃음을 선사하자 금세 교실 분위기는 원래대로 돌아왔습니다. 지금 생각하면 대놓고 설교를 듣던 아이들은 심리적으로 안전하지 않은 상태였을 것입니다.

어린 자녀가 있는 가정에서는 '아이가 실패를 두려워해 새로운 것에 잘 도전하지 않는다'고 고민하는 부모가 많습니다. 이럴 때 특효약은 '실패해도 괜찮아'라고 말로만 하는 것이 아니라 부모 스스로 실패했거나 시행착오를 겪는 모습을 적극적으로 보여주는 것입니다.

그런 모습을 많이 보여주고 나서 '실패는 당연한 거야'라고 말로 해주어야 아이는 비로소 머리로 이해합니다.

완벽을 추구하는 많은 어른이 자신을 탓합니다.

'부족한 엄마라서 미안해.'

'선생님의 능력이 부족해서 부끄럽다.'

이렇게 어른이 스스로를 비난하면 아이는 무언가를 비난하는 것을 배우고 자신을 탓하기 시작하거나 실제로 그 어른을 손가락질합니다. 그러면 문제의식을 인식하지 못해 당사자로서 어떤 조치를 취해야 하는지 혼란스러워 합니다. 이런 악순환의 고리는 특히 가정에서 흔히 볼 수 있습니다.

만약 아이가 '친구 엄마는 이렇게 하는데 왜 엄마는 못해?'라고 말한다면 마음은 아프지만 '그런 기대는 하지 마. 완벽한 엄마가 아니어서 미안하네'라고 웃으며 대답하는 것이 가장 좋을 수 있습니다.

♥

남과
비교하지 않는다

아이들에게는 남과의 비교가 큰 스트레스 요인이 됩니다. 지금은 개인 정보 보호 차원에서 성적을 공개하는 관행이 없어졌지만, 일본에서는 여전히 다른 사람과 비교하여 아이들의 동기 부여를 높이려고 합니다.

'꼭 정규 리그에 진출하자.'

'전국 대회에서 우승하자.'

'이번엔 10위 안에 들자.'

'시험에서 평균 이상을 받자.'

이런 목표 설정을 아이에게 강요하는 식의 교육입니다.

남과 비교하는 교육이 반드시 무의미한 것은 아닙니다. 아주 특출한 스포츠 선수와 같은 유형이라면 맞을 것입니다. '1등이 아니면 안 된다! 그러니 1등이 되기 위해 노력해라!'라는 말을 계속 들으면서 스스로를 몰아붙입니다. 이런 엘리트 교육은 드물게 초절제된 아이나 천재적인 재능을 가진 아이에게는 효과적일 수 있습니다.

하지만 아무리 노력해도 상위권을 따라잡을 수 없거나 애초에 상위권을 따라잡는 것에 관심이 없는 대다수 아이에게는 전혀 효과가 없습니다.

어른들의 일방적인 가치관 강요로 자신감과 의욕을 잃고 재능의 싹이 잘린 아이들이 정말 많습니다. 고지마치 중학교에서도 입시에 실패해 자포자기하는 아이들을 많이 봐와서 잘 압니다. 특히 지역 특성상 부모가 사회경제적으로 성공한 사람이 많아서 '당연히 명문 대학에 들어가야지', '무조건 반에서 1등해야지' 하는 편향된 가치관 속에서 자란 아이는 주눅이 들어 있습니다.

직장이라면 당연히 결과에 집착할 것입니다. 하지만 학교는 직장이 아닙니다. 학창 시절은 많은 시행착오를 겪을 수 있는 사회에 나가기 위한 준비 기간이어야 합니다.

결과에 주목해서 말하면 당장의 결과를 얻기 위해 노력하는 것보다 결과를 얻을 수 있도록 자신만의 방법을 익히는 것이 더 중요합니다. 특히 실패의 경험은 매우 중요합니다. 실패를 통해 연구한 방법은 확실히 내 것이 됩니다. 그리고 반복적인 경험을 통해 체득한 능력은 이후 인생에서 몇 번이고 자신을 도와줄 것입니다. 그러기 위해서라도 학교나 가정은 실패가 허용되는 환경이어야 합니다. 생각대로 되지 않을 때도 주위 어른이 따뜻하게 지켜봐주어야 합니다. 이런 심리적 안전을 느낄 수 있는 공간을 아이들에게 제공해야 합니다.

학교에서 아이들이 습득해야 할 능력은 아오토 씨도 지적했듯이 '자신을 성장시키는 힘'입니다. 그 힘은 방대한 지식을 암기한다고 해서 얻을 수 있는 것이 아닙니다.

자신의 성장에는 남과의 비교가 아니라 자신의 변화를 시간 순으로 추적하는 관점이 필요합니다.

학교는 골프에 비유하자면 연습 라운드, 야구에 비유하자면 타격 연습장이나 연습 경기라고 할 수 있습니다. 연습 경기를 하는데 코치가 '그 플레이는 뭐야!'라고 화를 내면 어떤 아이도 위축되어 제대로 할 수 없습니다.

이렇게 말하면 '수험은 연습이 아니지 않느냐'라고 말하는 학부모도 있습니다. 하지만 수험이라는 것을 지나치게 실전 취급한 나머지 부모와 아이가 함께 싸워야 한다는 생각으로 대처하면 아이는 시행착오를 겪을 여유가 없어집니다. 운이 나빠 시험에 떨어졌을 때는 실패를 필요 이상으로 두려워하는 소심한 아이가 되는 경우도 있습니다.

고지마치 중학교에서는 아이들이 남과 비교되는 계기가 되는 것을 최대한 배제했습니다. 시험과 관련해 몇 가지를 소개하면 정기고사 자체를 폐지하고 단원별 시험을 도입했고, 본인이 원하면 재시험도 볼 수 있도록 했습니다. 물론 시험의 평균점을 알려주지 않습니다. 항상 현재의 자신과 미래의 자신을 비교하여 스스로 성장하기 위해서는 무엇이 필요한지 느끼게 해주고 싶었기 때문입니다.

♥

아이의 '하고 싶다'를 들어주는 특별활동

아이의 학교 생활에서 큰 비중을 차지하는 것이 바로 특별활동입니다. 체벌과 경쟁, 승리 지상주의, 정신론 위주의 지도 등 아직도 많은 특별활동은 아이가 안심할 수 있는 환경을 제공하지 못합니다. 설령 어떤 특별활동 상황이라도 아이 스스로 선택했으니 하고자 하는 도파민성 동기 부여가 높을 것이라고 생각하는 사람도 있습니다. 하지만 아이들은 체벌이나 압박을 원해서 특별활동에 들어가는 것이 아닙니다. 운동이나 악기, 논술 등 순수하게 '해보고 싶다'는 감정이 앞섰을 뿐입니다.

그렇다면 학교에서의 특별활동은 '즐기는 것'이 최우선 목표가 되어야 합니다.

일부 특별활동은 지도자의 가치관(주로 자신이 과거에 받았던 지도 방식)이 우선시되어 승리나 단결, 근성이 최우선 목표가 되기도 합니다.

그 결과 휴일 반납의 장시간 연습, 지도자의 일상적인 폭언, 군대와 같은 상하관계 등이 당연시되어 특별활동이 전혀 즐겁지 않고 재능이 있어도 지도자와 선배에게 짓눌리는 아이가 끊이지 않습니다.

다시 말하지만 승리 지상주의는 아주 일부 아이에게만 유효합니다. 학교는 아이들을 선별하는 엘리트 양성소가 되어서는 안 됩니다.

스포츠 지도자가 자주 언급하기도 하고 인터넷 상에서 유명해진 덴마크 축구협회의 10가지 조항을 소개합니다.

1. 아이들은 당신의 소유물이 아니다.
2. 아이들은 축구에 열중한다.
3. 아이들은 당신과 함께 축구 인생을 걸고 있다.
4. 아이들이 요구하는 것은 있어도 당신이 요구해서는 안 된다.
5. 당신의 욕망을 아이들을 통해 충족해서는 안 된다.
6. 조언은 하되 당신의 생각을 강요해서는 안 된다.
7. 아이들의 몸을 보호해야 한다. 그러나 아이들의 영혼까지 침범해서는 안 된다.
8. 코치는 아이들의 마음이 되어야 한다. 그러나 아이들에게 성인의 축구를 시키지 말아야 한다.
9. 코치가 아이들의 축구 인생을 지원하는 것은 중요하다. 그러나 스스로 생각하도록 해야 한다.

구도 유이치

10. 코치는 아이들을 가르치고 이끌 수 있다. 하지만 승리가
중요한지 아닌지를 결정하는 것은 아이들이다.

가슴이 두근거리는 말로 가득합니다. 특별활동뿐만 아니라 학교나 가정에서도 활용할 수 있는 내용입니다.

아오토 씨의 지적처럼 아이가 '하고 싶다!'고 생각되는 것을 찾았다면 그것은 아이가 스스로 성장하는 법을 배울 수 있는 최고의 기회입니다. 자신과 마주해 과제를 찾아내어 이를 극복하기 위해 스스로 노력하는 것. 그 과정을 통해 배운 것은 이후 삶의 모든 장면에서 활용할 수 있습니다.

하지만 오로지 결과만을 요구하는 어른들의 모습에 많은 아이가 자신감과 의욕을 잃고 있습니다. 게다가 어른들이 '이렇게 해라. 저렇게 해라'라고 계속 간섭하면 아이는 스스로 생각할 기회를 잃습니다. 아무런 실익이 없는 활동에 휴일을 반납하고 참여하는 것이 우리의 특별활동입니다.

한 가지 다행인 것은 이런 의식 개혁이 결코 이상이 아니라는 점입니다. 예전에 닐슨 기타무라 도모코라는 덴마크의 저널리스트와 만날 기회가 있어 평소 궁금했던 점을 물어보았습니다.

"10가지 조항은 교육의 본질을 꿰뚫고 있어서 정말 벅찬 감동을 느꼈는데 그런 문구가 문장으로 만들어져 덴마크 전역의 유소년 축구 지

도자들에게 배포되었다는 것은 혹시 덴마크에서도 예전에는 그렇지 않았다는 뜻인가요?"

그랬더니 '그렇다'고 대답했습니다.

덴마크에도 예전에는 폭언을 일삼는 지도자, 이기기 위해 수단과 방법을 가리지 않는 지도자, 팀을 자신의 색깔로 물들이려는 지도자가 많았다고 합니다. 하지만 이래서는 모든 아이에게 스포츠가 평생 누구나 즐길 수 있는 것, 모두를 행복하게 해주는 것이라는 점을 가르칠 수 없다고 판단한 축구협회가 나서서 보급 활동을 했다고 합니다. 이로 인해 상황이 개선되어 지금은 아이들이 몇 번을 연습해도 못한다는 이유로 혼내는 일이 없어졌다고 합니다. 그 결과 축구뿐 아니라 모든 스포츠에서 '상식'으로 인식되기까지 이르렀다고 합니다.

내가 아는 사람 가운데 해외에서 유학 지원 사업체를 운영하는 후지이 이와오 씨가 있습니다. 그는 골드만삭스, 푸르덴셜, 모건스탠리 등 외국계 금융기관에서의 성공한 삶을 마감하고 십여 년 전 뉴질랜드로 이주하여 새로운 삶을 살고 있습니다. 그에게서 특히 일본과 뉴질랜드 교육의 차이점에 대해 다양한 관점에서 이야기를 들을 기회가 있었는데, 그 일은 나의 교육관을 넓혀주는 계기가 되었습니다. 그에게서 들은 스포츠의 흥미로운 사례를 소개합니다.

그가 사는 지역에는 넬슨 칼리지라는 뉴질랜드에서 가장 오래된 학교가 있습니다. 칼리지라고 하지만 중고등학교가 함께 있는 남학교로 13세부터 18세까지의 5학년 1000여 명의 학생이 재학 중입니다.

뉴질랜드 하면 '올블랙스*All Blacks*'의 이미지가 강하듯 세계 굴지의 럭비 강국으로 당연히 이 학교에서도 럭비가 매우 활성화되어 있어 뉴질랜드 국가 대표 '올블랙스'에도 여러 명의 우수한 선수를 배출했습니다.

후지이 씨가 '이 학교에 럭비부가 몇 개나 있다고 생각하세요?'라고 나에게 물었습니다. 일본의 감각으로 볼 때 활동 부서는 하나로 알려진 강호 학교도 기껏해야 2군, 3군 등 피라미드 구조로 나뉘어져 있는 이미지밖에 떠오르지 않았습니다. 내가 현재 교장으로 있는 요코하마소에이 중고등학교도 가나가와 현에서 꽤 알려진 축구 강호이지만 마찬가지입니다.

놀랍게도 그 학교에는 매년 10개의 럭비팀이 만들어지고 있다고 합니다. 실력 있는 선수는 퍼스트 피프틴*First Fifteen*이라 불리는 1군, 그 외의 선수는 세컨드 피프틴*Second Fifteen*, 서드 피프틴*Third Fifteen*에 소속됩니다. 그리고 이와는 별도로 Under17이 몇 팀, Under16이 몇 팀, Under15가 몇 팀 등 그해의 희망자 수에 따라 학교에서 각 팀을 구성하는 시스템입니다.

각 팀은 25명 내외로 구성되기 때문에 시즌 중에는 모든 팀에서 거의 전원이 매주 주말에 열리는 경기에 출전할 수 있다고 합니다.

상위 팀인 1군과 2군에서는 역시 승패를 중요하게 여기지만, 기본 전제는 참가하는 모든 사람이 럭비를 통해 즐거운 추억을 만드는 것이라고 하니 덴마크와 마찬가지로 스포츠를 대하는 근본적인 사고방식의 차이에 감탄했습니다.

놀라운 점은 그뿐만이 아니었습니다. 평일 연습 시간이 적었습니다. 상위 팀조차 일주일에 2번 정도, 주말 경기를 대비한 팀 연습을 하는 것이 전부입니다. 일본의 지도자가 그렇게 연습을 적게 해도 문제없냐고 묻는다는데 '고등학생이니까 당연히 공부가 본분이고, 럭비 말고도 관심 사항이 많을 테니 시간을 어떻게 쓸지는 본인이 결정해야 한다'는 생각이 깔려 있다고 합니다.

근력 운동이나 달리기 등 개인 기초 연습조차도 모두 함께 모여서 반강제적으로 하는 일본식 연습과는 많이 다릅니다.

넬슨 칼리지를 예로 들자면 같은 겨울 시즌에 하는 축구나 농구도 전교에서 10개 정도 팀이 구성된다고 합니다. 몇 개의 클럽을 겸하기도 하고 럭비와 바이올린을 함께하는 아이도 있다고 합니다.

조금만 눈을 돌리면 이런 선례가 얼마든지 있기 때문에 우리의 스포츠는 아직 배워야 할 점이 많습니다.

구도 유이치

자기 부정의 계기가 되는
세뇌를 멈춘다

어른의 일방적인 주입식 교육으로 인해 스트레스가 쌓인 아이, 자신감을 잃고 자신을 혐오하는 아이도 많습니다. 예를 들어 자폐 스펙트럼 장애와 같은 발달적 특성을 가진 아이는 의사소통이 서툴다거나 무언가에 집착이 강하다는 식으로 말합니다.

진단의 기준으로 사용될 정도니 그런 성향이 있는 것은 맞습니다.

하지만 그렇다고 해서 '이 아이는 발달적 특성이 있어서 의사소통을 잘 못하겠지'라고 쉽게 단정 짓는 것은 올바른 생각일까요? 마음속으로 그렇게 생각하는 것은 어쩔 수 없는 일일지 몰라도 대다수 어른이 아이에게 그런 말을 툭 내뱉습니다.

그래서 학교에서 그런 아이와 이야기를 나누다 보면 '난 의사소통이 너무 서툴러요'라는 말이 본인의 입에서 나오곤 합니다. 본인의 머릿속에 있는 자기 이미지에 '소통이 서투르다'는 것이 강렬하게 각인되어 있다는 증거입니다.

정말 안타까운 이야기입니다.

그런 아이에게는 '전혀 힘들지 않아. 이렇게 나랑 얘기하고 있잖아'

라고 말해줍니다. 실제로 그들은 마음을 열어주는 어른이라면 평범하게 대화도 가능합니다. 그러면 아이는 '어른이랑은 이야기할 수 있겠는데요'라고 대답합니다. 나는 계속 말합니다.

"그래 알아. 친구와 대화하는 게 어렵다고 했지? 하지만 괜찮아. 보통 어른이 되면 동년배와 항상 함께 있을 일이 거의 없으니까. 동년배 아이들이랑 억지로 함께 생활하는 건 기껏해야 고등학교 때까지야. 대학에 가면 나이도 다양하고 세상도 넓어지기 때문에 너와 맞는 사람만 사귀어도 괜찮아. 설령 지금이 좀 답답하더라도 앞으로 몇 년 안 남았으니까. 이후의 인생이 훨씬 기니까 신경 쓰지 마."

애초에 대면 의사소통을 잘 못해도 이메일이나 채팅 등 글로 된 대화에서는 전혀 문제가 없는 아이도 많습니다. 그래서 아이들을 쉽게 분류하는 것은 정말 위험합니다.

아이에게 자신감을 갖게 하는 것도 깊은 상처를 주는 것도 주위 어른이 사용하는 '말' 때문입니다.

아오토 씨도 부정성 편향을 설명합니다. 사람은 자신의 결점, 약점, 실패 경험 등 부정적인 것에는 자동적으로 의식이 향하도록 되어 있습니다. 가뜩이나 인간이 사용할 수 있는 의식은 한정되어 있는데, 자신의 일로 신경 쓰이는 부분이 점점 많아지면 뇌는 그 외의 다른 것을 생각할 여유가 없어집니다. 그리고 점점 더 후진적인 사고로 변해갑니다.

원래는 여러 가지 일에 도전하고 나름대로 궁리하면서 자신을 조금씩 성장시켜 나가는 곳이 학교여야 하는데 그런 여유가 없습니다. 마음의 여유는 의식의 여유이고, 의식의 여유를 만들기 위해서는 '불필요한 것을 의식하지 않게 하는 환경'이 중요합니다.

아이의 마음속에 각인된 부정적인 자아상을 어떻게 지워 나갈 것인가가 교육자의 중요한 역할입니다.

♥

원하지 않는 서비스를
제공하지 않는다

아이가 문제의식을 갖도록 하나에서 열까지 전부 미주알고주알 지적하는 것이 지도자의 역할이라고 믿는 사람이 많아서인지 우리의 학교와 가정은 너무 많은 지적을 합니다. 그렇게 함으로써 다소 개선될 수도 있지만 오히려 잃는 것이 더 많다는 사실을 교육 관계자들은 의식해야 합니다.

예를 들어 성급한 성격으로 시험에서 실수가 잦은 아이가 있다고 합시다. 대다수 어른은 시험 결과를 보고 별 생각 없이 '실수가 많네. 더 신경 쓰자'라고 단도직입적으로 말합니다.

이럴 때 어른이 가장 먼저 의식해야 할 것은 '굳이 지적할 필요가 있는가' 하는 점입니다.

아이의 자존감과 자율성, 심리적 안전성, 당사자 의식 등을 희생하면서까지 어떤 문제 해결을 바라는 것은 어른들이 당장의 결과를 원하고 항상 완벽해야 한다는 믿음을 갖고 있기 때문인 경우가 많습니다.

'학교는 실패를 많이 경험하고 거기서 스스로 배우는 곳'이라고 발상을 전환한다면 아이가 시험에서 100점을 받든 50점을 받든 아무런 상관이 없습니다. 핵심은 50점을 받은 아이가 '더 좋은 점수를 받고 싶다'고 생각하는 타이밍을 기다리는 것입니다. 배우고 싶어하지 않는 아이에게 무언가를 강요하면 오히려 역효과를 낼 뿐입니다.

서비스 과잉 상태인 우리 사회에서는 그런 일이 너무 많습니다.

예를 들어 처음에는 50점을 받아도 신경 쓰지 않던 아이도 자신과 비슷하다고 생각한 친구가 갑자기 좋은 점수를 받았다는 작은 계기로 동기 부여가 된 경우를 많이 봤습니다. 이때 최선의 대응은 그 타이밍을 놓치지 않고 재빨리 도움의 손길을 내미는 것입니다.

이럴 경우에도 최대한 아이가 스스로 과제를 자각할 수 있도록 해주어야 합니다. 예를 들어 아이가 시험 점수로 고민하는 모습을 보이면 세 가지 말하기인 '무슨 일이야?', '어떻게 하고 싶니?'라고 물어봅니다. 아이가 '이런 게 어려워요'라고 과제를 인식하여 제시하면 그때 구체적인 조언을 해주면 되고, 과제를 인식하지 못하는 눈치라면 어떤 문

구도 유이치

제가 있어 잘못되었는지 물어서 스스로 분석하는 경험을 하도록 만들어주면 됩니다.

아이에게 조언할 때도 '너는 이 부분에서 실수하기 쉬우니까'라고 직설적으로 말할 필요는 없습니다. '아, 이런 문제는 문제문을 꼼꼼히 읽지 않으면 실수하기 쉬워'와 같이 아이가 자신의 실수를 객관화할 수 있고 자신을 탓하지 않도록 표현하면 이상적입니다.

해결책도 곧바로 알려주지 말고 최대한 아이 스스로가 생각하도록 유도합니다.

스스로 발견한 과제를 극복하는 체험과 그 과정에서 나름의 해결책을 찾아내는 경험은 아이에게 말할 수 없는 쾌감을 줍니다. 그래서 '다른 과제를 찾아보자', '이 방법을 다른 곳에 써보자'와 같은 긍정적인 마음이 자연스럽게 생겨납니다.

심리적 안전을 위해 지적하지 않는 것도, 자율성을 위해 스스로 생각해보게 하는 것도 결국은 '어른이 얼마나 참을 수 있느냐'로 귀결됩니다.

나의 둘째 아들은 고등학교에서 물리 교사를 하고 있습니다. 같은 일을 하는 나로서는 아들에게 조언하거나 가르치고 싶은 것이 많지만 실제로 아들이 원하지 않는 한 거의 하지 않습니다. 부모로서 답답하기도 하지만 스스로 납득하지 않으면 믿지 않는 태도가 아들의 장점이라고 늘 감탄합니다. 그 아이는 어렸을 때부터 스스로 시행착오를 겪으며 성장하는 것에 유난히 집착하는 성격이어서 내가 뭐라고 말해도 잘 듣지 않습니다.

♥

아이에게
마음의 안식처를 남기다

'쥐도 궁지에 몰리면 고양이를 문다'는 속담이 있듯이 사람은 궁지에 몰리면 뇌가 정상적으로 작동하지 않습니다. 어떤 상황에서도 아이를 일방적으로 몰아세우지 않는 것이 아이의 심리적 안전성에 큰 도움을 줍니다.

예를 들어 학생 지도에 열심인 학교에서 연중 모든 교사가 아이들을 혼내기만 하면 어떤 일이 벌어질까요? 스트레스를 해소할 곳이 없는 아이들 사이에 균열이 생깁니다. 성실한 아이 입장에서는 '또 저 녀석들 때문에 선생님이 화를 내는구나' 하고 불만을 가집니다. 혼난 학생은 '이번에도 아이들 앞에서 욕을 먹었다. 뭐, 어차피 다들 날 싫어하니까'라고 생각합니다. 더군다나 본인의 뇌에 교사의 말이 전혀 울림을 주지 못했다면 좋은 일이라곤 하나도 없습니다.

이런 구도를 알고 나서는 아이들이 문제를 일으켜 다른 선생님에게 혼이 난 경우 나는 굳이 아이들 편에 섰습니다.

구체적으로는 '영어 시간에 또 그랬다며? 들었어. 나도 선생님께 사과했어'라고만 말합니다. 그러면 아이들은 자신들이 실수해도 담임은 자기 편이라고 생각합니다. 아이들에게는 큰 안심이 됩니다.

다른 선생님이 혼냈으니 나도 담임으로서 꾸짖는다는 생각은 자연스러운 반응일 수 있습니다. 그런데 담임인 나도 똑같이 혼내서 아이들과 대립 관계가 형성되면 아이들은 마음 둘 곳이 사라져 점점 학교를 싫어할 것입니다.

가정에서도 마찬가지로 실천할 수 있습니다. 우리 집은 아이를 혼내야 할 때 나와 아내 중 한 명이 먼저 나서서 혼내고, 다른 한 명은 그 자리를 비우는 것을 부부간의 규칙으로 삼습니다. 내가 혼내는 경우는 거의 없지만 가끔 꾸짖을 때는 아내가 슬그머니 자리에서 일어나 사라집니다. 그러면 혼나는 행위는 나와 아이만의 이야기가 되고, 아내는 그 일을 모르는 존재가 됩니다.

그리고 내가 혼내는 타이밍에 아내가 슬그머니 방으로 가서 아이를 안아줍니다. 그러면 아이는 엉엉 울고, 아내는 그냥 '괜찮아, 괜찮아' 하면서 머리를 쓰다듬어 줍니다. 단지 그 정도지만 아이는 매우 안심합니다. '이 집에서는 혼나도 버림받지 않는다'는 경험을 아이가 반복하면 그것이 자기 긍정감으로 이어집니다.

학교를 비롯한 다양한 장소에서 어떤 문제나 실패는 일어날 수 있습니다. 그래서 아이에게는 어떤 상황에서든 최후의 보루가 되어 줄 든 든한 존재가 필요합니다. '네가 어떤 상황에 놓여도 네가 있는 것만으로도 행복해. 무조건 널 아끼니까 안심해'라고 자신 있게 말할 수 있는 사람은 가장 가까이 있는 어른들입니다.

뒷부분의 주제인 메타인지에 대해서도 '과연 적절한 조언을 생각할 수 있을까', '상담을 받았는데 좋은 답을 생각하지 못하면 어쩌지'라고 불안해하는 부모님이 많을 것입니다. 결국 어른도 훈련을 통해 자신의 뇌를 바꾸는 수밖에 없으므로 아이가 얼마나 힘든 생각을 하고 있는지 상상하는 것만으로도 처음에는 충분합니다. 오히려 '내 아이에게 무조건적인 사랑을 전하고 있는지', '심리적 안전성을 유지하기 좋은 가정 환경인지', '자신의 기대와 가치관을 아이에게 강요하고 있지는 않은지'에 더 많은 의식을 기울이는 것이 좋습니다.

♥

심리적 안전으로 이어지는
올바른 칭찬법

아이에게 자신감을 심어주기 위해 칭찬한다?

아이가 노력한 보상으로 칭찬한다?

악화된 관계를 개선하기 위해 칭찬한다?

교육이든 양육이든 칭찬은 중요한 행위입니다.

그러나 무턱대고 칭찬만 한다면 아이에게 도움이 될까요? 그렇지 않습니다. 칭찬하는 방법에는 두 가지 포인트가 있습니다.

첫 번째는 결과가 아닌 과정을 칭찬하는 것입니다. 교육과 양육의 세계에서 자주 언급되는데 적어도 학교에서는 거의 이해되고 있지 않습니다.

100점을 받은 것이 아니라 100점을 받기 위해 아이가 어떤 노력을 했는지를 칭찬합니다. 30점이었다 해도 아이가 도전한 것을 칭찬합니다. 과정에 집중하는 것은 메타인지 능력을 기르는 최고의 훈련입니다. 결국 어른들이 결과만을 칭찬하면 결과를 내는 것에 아이의 의식이 집중되어 잘되지 않았을 경우 어른의 기대에 부응하지 못한 자신을 부끄러워합니다. 연습 경기에서 결과를 요구하는 것은 아이의 성장에 아무런 도움이 되지 않는 불필요한 압박입니다. 따라서 결과에 대한 칭찬은 가능하면 피하는 것이 아이의 심리적 안전으로 이어집니다.

두 번째는 칭찬하는 타이밍입니다. 아이가 어릴 때는 크게 의식하지 않아도 되지만 아이가 청소년기에 들어가면 이 타이밍이 조금 어렵습니다. 특히 어른과의 관계가 어색해지기 시작하는 아이입니다. 어른이 관계를 수습하기 위해 아이를 칭찬해도 '그저 기분 전환을 위해 칭찬하는 거지'라고 간파당해 더욱 반발하는 경우가 많습니다.

이럴 때 교사나 보호자에게 추천하는 것은 제삼자를 통해 칭찬하는 방법입니다. 예를 들어 엄마와 딸의 관계가 잘 풀리지 않는 가정에서는 엄마가 딸을 직접 칭찬하는 것이 아니라 아빠가 '이번에 이런 일이 있었다더라. 엄마가 칭찬했어'라고 말하게 합니다. 신기한 것은 제삼자를 통하는 순간 갈등이 사라지고 아이도 그 말을 훨씬 솔직하게 받아들입니다. 한번 시도해보기 바랍니다.

예측 정확도가 높아지면
스트레스는 줄어든다

스트레스에 강한 뇌를 키우기 위해서는 스트레스를 극복하는 경험을 쌓는 수밖에 없습니다. 당사자 의식을 가지고 문제를 해결해 나가는 경험을 거듭하다 보면 어느 정도의 문제는 문제라고 생각하지 않게 됩니다.

내 경우를 예로 들면 교사 생활은 야마가타에서 시작했지만, 교사로서 처음으로 큰 스트레스를 받은 것은 도쿄로 옮기고 난 이후입니다. 일본의 공립학교는 지역마다 교육 문화의 차이가 뚜렷합니다. 도쿄에서의 첫 학교 생활은 모든 면에서 수단의 목적화로 인해 정신론과 공포로 아이들을 지배하는 것이 정의가 되어 고통스러웠습니다. 요즘은 정말 교사를 그만두고 싶다는 생각이 들 정도입니다.

그러나 하루하루 고민하면서도 최선을 다해 아이들과 마주하는 과정에서 학생들은 물론 학부모와 동료의 신뢰를 얻을 수 있었습니다. 끈질기게 주위와 대화를 나누다 보니 나쁜 관행도 일부 폐지하는 등 조금씩 학교를 변화시킬 수 있었고, 야마가타나 도쿄나 교육은 다르지 않다는 것을 절실히 느꼈습니다. 수도권과 지방의 교육을 비교하며 불행을 자초한 것은 나 자신이었습니다.

어떤 스트레스라도 비교하지 않고 있는 그대로 받아들여 개선해 나가는 것의 중요함을 내 안에 새긴 소중한 시간이었습니다. 그리고 그것을 가르쳐준 것은 학생들이었습니다.

다음으로 옮긴 곳은 도내에서도 손꼽히는 험난한 학교였습니다. 그곳에서의 5년간도 특별한 시간이었습니다. 앞으로 많은 학교에 좋은 영향을 미치는 교장이 되자는 막연한 목표였지만 지금의 나를 굳게 결심한 시기였습니다. 그곳은 도둑질, 거짓말, 기물 파손, 폭력 등으로 매일같이 범죄가 일어나는 학교였기 때문에 풀어야 할 문제가 산더미였습니다. 물론 스트레스도 많았지만 부임 초기부터 신기하게도 문제에 달관한 나를 자각할 수 있었습니다. 일부 교사는 완전히 손을 놓고 있었지만 나는 직감적으로 확실히 심각한 상황이지만 해결 방법이 있다고 믿었습니다. '있는 그대로 받아들이면 불행해지지 않는다. 하나씩 과제를 해결해 나가면 된다. 그러기 위해서는 모두를 당사자로 바꾸어 나가야 한다.' 그런 생각을 했습니다.

그곳에서 다시 나는 교육위원회로 옮겨 갔습니다. 도쿄도 교육위원회에서 1년간 근무한 뒤 좀 더 현장과 가까운 곳에서 일하고 싶어서 메구로구(目黑区) 교육위원회로 갔습니다. 당시의 경험도 한마디로 말할 수 없습니다. 교육위원회 및 행정의 역할과 과제, 학교와 구민을 돕는 네트워크 구축, 업무와 연관된 법적 근거, 시책의 의사 결정에서 의회의 영향력과 의회 역학의 통제 방법, 학교의 ICT화 등 일일이 열거할 수 없을 정도입니다. 학교를 둘러싼 다양한 이해 당사자와의 관계에서 필요한 전문성과 대화법, 인맥 등을 획기적으로 향상시킬 수 있었던 시기였습니다.

당시 교육위원회는 전형적인 상하 관계로 일하는 것이 철저하게 지켜지는 곳이었습니다. 마흔이 넘은 나는 밑바닥 일부터 시작했습니다. 문장의 초안을 작성해도 선배 장학관, 주임, 과장의 도장을 받지 못하면 교육감에게 전달하는 것조차 안 되었습니다. 설령 교육감에게 전달되어도 수정 사항이 너무 많아서 원래 의도와는 정반대가 된 경우도 있습니다. 잠은 매일 거의 3시간, 365일 중 쉬는 날은 고작 열흘 정도. 과로

사 직전의 그야말로 악덕 기업에서 일한 4년이었습니다. 한마디로 일본의 나쁜 문화가 짙게 남아 있는 세상이었습니다. 원래 합리적으로 생각하는 나로서는 엄청난 스트레스 현장이었습니다.

몇 번이나 감정이 폭발할 뻔했지만 불평만으로는 아무것도 바뀌지 않는다는 것을 과거의 경험으로 이미 자각한 상태였습니다. 있는 그대로를 받아들이고, 과제를 하나씩 해결해 나가는 것을 머릿속으로 몇 번이나 의식했는지 모릅니다. 대놓고 말하면 '성실함만으로는 교육을 바꿀 수 없다. 여러 사람의 입장과 현실을 이해하고 모든 면에서 확실한 전략이 있어야 한다'는 것을 뼈저리게 느낀 때였습니다.

이후 메구로구의 학교에서 교감, 신주쿠구에서 ICT 담당 프로젝트 팀장과 지도 과장 등을 거친 뒤 고지마치 중학교의 교장으로 취임했습니다, 2020년 정년 퇴임 이후 현재는 사립 요코하마소에이 중고등학교의 교장과 학교의 운영 주체인 호리이 사립학교의 이사로 일하고 있습니다.

직급이 올라갈수록 업무 범위가 넓어지기 때문에 당연히 업무량이 늘어납니다. 특히 나의 경우는 새로운 직장에서 일하면서 '무엇을 해야 하는가'를 고민하는 부류가 아니라 '무엇을 할 수 있는가, 무엇을 바꿀 수 있는가, 무엇을 만들 수 있는가'의 자세로 일하는 부류이기 때문에 어디를 가도 과제는 늘어납니다. 일반적으로 새로운 직장으로 옮긴 지

얼마 안 되었을 때는 스트레스로 스스로를 통제하지 못하기도 하지만 지금까지의 나를 돌아보면 나이가 들수록, 직장을 옮길수록 스트레스 자체가 줄어듦을 실감합니다.

학교 시찰 나온 교장 선생님과 이야기를 나누다 보면 '구도 교장 선생님은 담담하게 일을 처리하시네요. 그런 마음의 여유는 어디서 나옵니까?'라는 질문을 받을 때가 있습니다.

내 마음의 여유(심리적 안전성)는 과거의 성공과 실패 경험에서 얻은 예측 능력에서 비롯된 것입니다. 장벽이 있으면 그 장벽을 회피하는 방법이 예측 가능합니다.

예를 들어 새로운 직장에 막 들어간 시점에서는 주위의 신뢰를 얻지 못했을 뿐만 아니라, 개중에는 발목을 잡으려는 사람도 있었습니다. 정론을 펴도 움직이지 않는 사람이 있다는 사실을 경험으로 터득했습니다. 그래서인지 나는 그 상황을 받아들이는 사고가 먼저 움직입니다.

상황을 받아들이면 어떻게 하면 목적을 달성할 수 있을지 아이디어가 떠오릅니다. '이 사람의 신뢰를 얻으면 흐름이 바뀔 것 같다', '이 사람에게 이런 말을 하면 예스라고 할까?' 등 여러 가설을 세우면서 최적의 한 수를 생각합니다. 때로는 예측이 빗나가기도 합니다. 하지만 그것도 예측의 정확도를 높이는 큰 공부가 됩니다.

갑자기 바둑을 잘 두는 사람은 없습니다.

특히 인간은 합리성보다 감정으로 움직이기 때문에 더욱 예측이 쉽

구도 유이치

지 않습니다. 하지만 거기서 포기하지 않고 할 수 있는 범위 안에서 예측하고 경험치를 높여가는 것이 중요합니다.

학교는 실패의
체험 학습장

다시 강조하지만 어른들은 아이들에게 적극적으로 문제나 실패를 경험하게 하는 것이 중요합니다.

'문제는 일어난다.'

'문제를 통해 사람은 배운다.'

'문제를 극복하는 방법이 있다.'

아이들이 이렇게 바뀌면 문제를 필요 이상으로 두려워하지 않고 심리적 안전성을 유지할 수 있습니다.

아이가 괴로워하는 모습을 보면 정말 안쓰럽습니다. 자녀가 학교에서 돌아왔는데 막막한 표정을 짓고 있으면 무언가라도 해주고 싶은 것이 부모의 마음입니다. 하지만 그 상황을 잘 참아내고 아이가 그 경험을 통해 무엇을 배울 수 있을지 의식하는 것이 중요합니다. 이를 여러 번 반복하다 보면 문제를 사전에 방지하거나 문제가 생겼을 때 스스로 통제할 수 있는 능력이 생깁니다.

그와 동시에 의식해야 할 것은 아이의 심리적 안전성입니다. 문제를 안고 고민하는 아이에게 혼자서 해결하라고 내버려두는 것은 너무 극단적인 행동입니다. 아이의 성격에 따라 적절하게 대화를 달리할 수 있지만 예를 들어 '고민은 너의 성장에 아주 중요해'라는 의미를 최소한으로 전달해야 합니다.

그리고 '무엇을 도와주면 좋겠어?'라는 세 번째 말하기가 상징하듯 어른이 보호해준다는 인식은 아이에게 안심의 계기가 됩니다. '스스로 해결하기 어려울 때는 남에게 도움을 요청하는 것도 하나의 해결책이 된다'는 의미를 평소에 말해두면 아이는 더욱 안심합니다.

아오토 씨의 말처럼 스트레스를 견디는 힘은 사람마다 다릅니다. 같은 일이 일어나도 A군은 심리적 안전 상태를 유지하지만, B군은 감당하지 못할 수도 있기 때문에 특히 학교에서는 교사가 각 아이의 현재 상황과 특성을 파악하는 일이 중요합니다.

고지마치 중학교에서는 담임제를 폐지하는 대신 그 학년을 담당하는 교사들이 아이들을 돌본다는 의식을 철저히 지키고 있었기 때문에 선생님들은 아이들 하나하나의 변화를 공유했습니다. 이렇게 함으로써 평소 학생들을 다각도로 볼 수 있게 되었고, 학생들이 상담할 선생님을 선택할 수 있게 되면서 담임제 때보다 아이들의 사소한 변화를 빨리 알아차릴 수 있었습니다. 이러한 선생님들의 역할 분담을 통해 안심할 수 있는 환경이 만들어져 학생과 학부모를 대하는 대응도 쉬워졌습니다.

♥

과제를 세분화하도록
가르친다

고지마치 중학교에서는 '문제 해결에 있어서 방법은 조언하지만 최종적으로는 스스로 해결하는 것'을 기본 원칙으로 삼고 있습니다. 아이들은 그들만의 방식으로 많은 시행착오를 겪습니다. 이때 아이들이 사고의 무한 반복에 빠지지 않도록 나는 스트레스 코핑*Stress Coping*(스트레스 요인 대처법)의 4가지 패턴을 설명합니다.

아이들에게 이렇게 말합니다.

"가끔 혼자서는 해결할 수 없는 일이 있잖아. 그럴 때 너희가 취할 수 있는 행동은 크게 네 가지가 있어. 참는 것. 기분 전환하는 것. 문제를 해결하려고 노력하는 것. 누군가와 상담하는 것. 대개 사람들은 여기서 참거나 기분 전환을 선택하는 경우가 많은데 그건 별로 좋은 방법이 아니야. 효과적인 방법은 나머지 두 가지 행동을 조합해보는 거야."

구체적으로 말하면 해결하고 싶은 문제를 최대한 객관적이고 복합적인 관점에서 작은 과제로 분해하여 적어봅니다. 그리고 작성한 것을 다시 자신의 힘으로 해결할 수 있는 것과 없는 것으로 나눕니다.

'스스로 해결할 수 있는 것'은 어떤 순서로 어떻게 할 것인가를 생각하면 되고, '스스로 해결할 수 없는 것'은 기본적으로 누군가와 상담하면 됩니다.

이렇게 문제를 정리하면 엄청나게 큰일이라고 생각했던 것이 사실은 그리 큰 문제가 아니라는 것을 깨닫습니다. 그것만으로도 뇌에 가해지는 스트레스를 많이 줄일 수 있습니다.

문제 해결의 큰 틀을 알려주는 것만으로도 아이들의 행동은 확연히 달라집니다. 자신이 감당할 수 없는 문제와 마주하면 친구나 부모, 신뢰할 수 있는 선생님을 찾습니다. 처음에는 가까운 사람을 골라 상담하던 아이도 스스로 해결해 나가는 경험을 반복하면서 상담 상대를 잘 찾는 것도 중요하다는 사실을 학습하고 문제 해결 능력이 비약적으로 향상됩니다.

Memo.

Memo.

메타인지란
무엇인가?

: 아오토 미즈토

**자기 성장의
필수 기술**

메타인지란?

교육의 본질적인 목표는 스스로 성장하는 방법과 행복한 상태를 만들어내는 방법을 배우는 것이라고 1장에서 설명했습니다. 이 두 가지를 실현하는 데 필수적인 상태가 심리적 안전성이며, 필수적인 기술이 메타인지 능력입니다.

메타인지metacognition는 인지심리학의 영역에서 탄생한 개념입니다. 메타는 '고차원적'이라는 뜻으로 직역하면 '자신의 인지 자체에 대한 인지'입니다. 쉽게 말해 '나를 아는 것'입니다. 메타인지 능력이 높은 사람일수록 자신의 특성과 습관을 정확히 파악하고 있어서 목표 달성과 문제 해결 능력이 높다고 합니다.

메타인지의 명확한 정의는 연구자마다 조금씩 다르지만, 내 나름대로는 '자신을 부감하여 자신에 대해 배우는 기능'이라고 정의합니다.

핵심은 두 가지입니다.

첫 번째는 '자아를 바라보는 관점'입니다.

메타인지에서는 자신의 내면, 즉 사고나 행동 패턴을 비롯하여 뇌의 특성과 자기 변화의 궤적에 의식을 돌려 이를 부감적으로 파악하는

것이 필수입니다. 메타인지에 다양한 해석이 존재하지만 공통하는 것
은 자신을 대상화하여 또 다른 자신이 보고 있는 듯한 감각으로 자신을
파악한다는 점입니다.

그러나 단지 자신을 부감하는 것으로는 메타인지의 기술이라 하기
에 부족합니다.

그래서 두 번째는 '자신에 대해 배우기'입니다.

메타인지의 본질적인 의미와 역할은 자신과 마주해서 얻은 정보를
뇌 속에 기억의 흔적으로 단단히 새겨넣는 것입니다.

메타인지의 정의에 자기 학습을 포함하지 않는 경우도 있지만 나
는 교육 현장에 메타인지의 기술을 도입한다면 포함해야 한다고 생각
합니다.

객관과 부감의
차이

나는 메타인지의 정의에서 '부감'이라는 단어를 썼고, 굳이 '객관'이라
는 단어는 쓰지 않았습니다. 일반적으로 거의 동의어로 쓰이는 경우가

많은데 나는 명확하게 구분하여 사용합니다. 그 차이를 이해하면 메타인지의 본질이 보일 것 같아서 조금 더 자세히 설명하겠습니다.

먼저 객관이란 주관의 반대말로 '남의 눈으로 보는 것'입니다. 자신을 안다는 맥락에서는 '다른 사람처럼 자신을 보는 것'이라 할 수 있습니다.

객관을 세분화하면 두 가지로 분류할 수 있습니다.

하나는 '외부 정보에 의존하여 자신을 바라보는 경우'입니다. 학교에서는 시험이나 성적표가 바로 그것입니다. 회사에서는 상사나 동료, 인사, 거래처의 피드백, 평가가 이에 해당합니다.

다른 하나는 '내부 정보에 의존하여 자신을 바라보는 경우'입니다. 즉 기억 속의 자신을 보는 것입니다. 대표적인 예가 학교나 기업에서 자주 하는 '회고'입니다. 자신의 기억을 따라가다 보면 자기 정보의 해상도와 정확도가 향상됩니다.

자신을 객관적으로 바라보는 행위는 메타인지에서 결코 빠질 수 없습니다. 그러나 자신의 정보를 단지 '하나의 고정점'에서 보는 것만으로는 배움(정보 처리를 통해 뇌를 업데이트하는 것)을 얻기가 쉽지 않습니다.

배움은 '여러 고정점'을 동시에 볼 때 얻을 수 있습니다. 이것을 '부감'이라고 합니다.

뇌에는 'Neurons that Fire Together Wire Together(동시에 발화하는 신경세포는 서로 연결된다)'는 원리가 있습니다. 서로 다른 정보를 동시에 여러 번 상기하면 A라는 정보와 B라는 정보는 뇌에서 한 세트로 취급되어 A 정보가 호출될 때 B 정보도 자동으로 끌어냅니다. 유명한 '파블로프의 개의 조건 반사'도 이 원리에 기반합니다.

자신을 객관적으로 보는 것이 자신의 뇌에 개별 '점'을 만드는 행위라면 부감시(俯瞰視)는 그 '점'들을 연결하는 행위입니다. 그리고 그 결과 뇌가 변화해가는 것까지 포함해서 메타인지라고 합니다.

구체적인 예를 들어 설명하겠습니다.

아이가 철봉에서 거꾸로 오르기에 도전하고 있다고 합시다. 거의 성공할 뻔했는데 좀처럼 한 바퀴를 돌지 못합니다. 그 모습을 동영상으로 찍어서 본인에게 보여주었을 경우는 관찰점이 하나뿐이기 때문에 단순히 자신을 객관적으로 보는 상태입니다. 여기서 배우는 아이도 있겠지만 거꾸로 오르기를 못하는 자신을 적나라하게 보여줘서 의욕을 잃는 아이도 있을 수 있습니다.

그렇다면 이 영상뿐 아니라 아이가 처음으로 철봉에 매달렸을 때의 모습이나 발차기를 전혀 할 수 없었던 때의 영상을 함께 보여주면 어떨까요? '예전에는 이 정도였는데 그래도 지금은 많이 나아졌구나' 하고 자신의 성장에 자각이 있을 수도 있습니다. 이것이 메타인지입니다.

또는 거꾸로 오르기를 잘하는 친구의 영상을 찍어서 지금의 자신의 폼과 비교하면서 문제점을 찾아보는 것도 좋은 방법입니다. 그 결과 현재의 자신이 대상화되어 '나는 지금까지 무의식적으로 이런 자세를 취하고 있었는데 조금 바꿔봐야겠다'라는 배움을 얻을 수 있습니다. 이것도 메타인지입니다.

객관과 부감의 차이를 나타내는 또 다른 쉬운 예가 일기나 일지 같은 것입니다. 앞서 말했듯이 자신을 돌아보고 언어화하는 행위는 자신을 객관화하는 효과적인 수단입니다. 하지만 그것을 다시 꺼내 읽지 않는다면 학습 효과는 기대할 수 없습니다.

정성스럽게 쓴 글이 있다면 가끔 종합적으로 봅니다. 그리고 '나는 이런 주제를 잘 쓰는구나', '이런 상황에서는 이런 것을 쉽게 느끼구나' 등 나름의 경향을 찾아냅니다. 이런 정보 처리가 뇌에서 일어날 때가 메타인지를 하는 뇌의 사용 방법입니다. 그 증거로 메타인지를 하고 있을 때의 뇌 상태는 패턴 학습을 할 때와 같은 뇌 부위가 활성화됩니다.

자신의 사고나 행동 패턴을 알 수 있다면 목표를 달성하고 싶을 때나 문제를 해결하고 싶을 때 적절한 대책을 세울 수 있습니다. 이것이 바로 자기 성장에 메타인지 능력이 필수인 이유입니다.

자신을 마주하는 습관이 없는 사람일수록
남 탓을 한다

메타인지 능력을 향상시키는 첫 단계는 자신과 마주하는 기회를 늘리는 것입니다. 자신을 대상화하여 인식하는 행위를 '내성(內省)'이라고 합니다. 자기 성찰 능력입니다. 사람은 내성의 기회를 가질수록 뇌에 물리적인 변화가 일어나 확고한 '자아'라는 정보가 형성됩니다.

서두에서 구도 교장 선생님이 제기한 것처럼 일본 교육의 가장 큰 문제는 '아이들의 당사자 의식을 키우는' 관점이 부족하다는 점입니다.

잘 안 되면 남 탓으로 돌린다.

불만이 있으면 누군가를 비난한다.

책임을 물을 대상을 찾지 못하면 일단 사회나 시대 탓을 한다.

이런 남 탓의 발상도 결국 자신과 마주하는 습관이 없기 때문에 '내 책임이야', '내가 할 수 있는 일이 있을 거야'라는 생각이 떠오르지 않습니다.

남을 탓하는 행위는 타고난 성격이 아니라 단지 오랜 시간의 뇌 사용법에 의한 '습관'입니다. 당사자 의식의 정체는 외부에서 들어오는 정보를 처리할 때 내부 정보(자신에 관한 정보)도 동시에 발화하는 정보 전달 구조가 뇌에 형성되어 있느냐 없느냐의 차이입니다.

그 신경세포들을 연결하는 회로는 이어지거나 끊어지거나 굵어지거나 가늘어지는 등 끊임없이 변화하기 때문에 아이가 당사자 의식을 가진 성인이 될 수 있느냐 없느냐의 갈림길은 결국 '얼마나 자신과 마주했는가'의 경험치에 따라 크게 좌우됩니다.

자신의 내면으로 의식을 돌리는, 내성이 어려운 이유

'복잡한 개념을 들먹이지 않아도 자신의 내면으로 의식을 돌리는 것은 누구나 할 수 있다.'

이처럼 생각하는 사람도 있을 것입니다. 실제로 일상적으로 실천하고 있는 사람에게는 별것 아닌 일로 여겨질 수도 있습니다. 어렸을 때부터 사색을 즐기는 아이, 독서를 좋아하는 아이, 목표 달성을 위해 스스로 시행착오를 겪는 아이는 자신과 마주하는 기회가 남들보다 많기 때문에 메타인지가 뛰어난 성인이 되기 쉽습니다.

하지만 신경과학적으로 보면 자신의 내면으로 의식을 돌리는, 내성하는 행위는 결코 쉽지 않습니다.

이유는 두 가지입니다.

하나는 인간 이외에 내성을 할 수 있는 동물이 거의 없다고 말할 정도로 고도의 뇌 기능이며 그만큼 뇌에 부담이 크기 때문입니다. 내성할 때의 사령탑은 전전두엽피질인데, 자신과 마주할 때 뇌에서는 전전두엽피질 뒤쪽의 모든 부위를 대상으로 정보를 검색하거나 움직이려고 합니다. 그래서 많은 사람이 내성을 하려고 하지만 뇌가 피로해지는 것을 꺼려 자연스럽게 생각을 멈추는 경향이 있습니다.

다른 하나는 1장에서 언급한 인간 의식의 한계 때문입니다. 외부 정보(오감을 통해 들어오는 정보)를 처리하는 것만으로도 사람의 의식은 항상 끌려다니는 상태인데, 일부러 외부 정보를 차단하고 내면의 자아를 의식하는 것은 말 그대로 '의식적으로' 하지 않으면 쉽게 할 수 없습니다.

특히 오늘날 우리는 누구나 스마트폰과 태블릿을 가지고 있습니다. 디지털 기기는 인간의 기능을 확장해주는 편리한 도구인 동시에 자극적이고 매력적인 정보에 손쉽게 접근할 수 있는 '의식의 흡입기'와 같은 존재입니다. 그리고 그 흡입력은 해마다 증가하고 있습니다. 미디어도 광고대행사도 앱 개발자도 콘텐츠 제작자 모두 사용자의 의식을 조금이라도 더 자신들에게 돌리기 위해 시행착오를 반복하고 있습니다.

필연적으로 우리가 가진 자유로운 시간은 외부의 단편적인 정보를 입력하는 데에만 집중하게 되고, 그에 반비례하여 내부 정보(자아)와 마주하는 시간은 줄어들었습니다.

자신과 마주하는 것의 중요성은 기원전 '너 자신을 알라'는 말을 시작으로 인류 역사에서 끊임없이 언급되었습니다. 전 세계적으로 강력한 외부 자극을 만들어내는 구글이 자사 직원들에게 명상과 마음챙김을 적극적으로 도입하는 것은 놀라운 이야기가 아닙니다.

외부 평가에
의존하기 쉬운 자아

자신과 마주할 기회가 적으면 자신의 정보는 필연적으로 외부 정보인 선생님, 부모, 동급생, SNS에서의 평가 등에 치우칩니다. 이런 제삼자의 평가는 긍정적인 작용을 가져오는 경우도 있어서 전부 나쁘다고 할 수 없지만, '나는 이런 사람이야'라고 내성할 겨를도 없이 '너는 이런 사람이지'라는 정보만 계속 받으면 그것이 뇌에서 유일한 '나의 정보'가 되는 것은 충분히 가능합니다.

나는 아이다 미쓰오(相田みつを) 시인의 다음과 같은 명언이 좋습니다.

'남의 잣대, 나의 잣대 각기 치수가 다르구나.'

맞습니다. 남의 잣대로 나를 아는 것은 중요한 정보지만 내 잣대로 나를 볼 수 있는 것이 바로 인간입니다.

외부 평가에 의존하는 형태로 자아가 형성되면 결과적으로 주위 의견에 휘둘리거나 남의 시선을 너무 의식해서 적극적으로 행동을 취하지 못하는 뇌가 됩니다. 이는 매우 불안정한 상태로 자칫 잘못하면 '자신을 잃어버리는' 상황이 발생할 수도 있습니다.

아오토 미즈토

이를 방지하기 위해서라도 아이들에게 자신과 마주하는 기회를 제공하는 과정에서 아이가 좋아하는 것, 싫어하는 것, 소중히 여기는 것, 고집하는 것, 잘하는 것, 못하는 것, 하고 싶은 것, 기쁨을 느끼는 것 등 본인만의 기준을 만들 수 있도록 지원해주는 것이 중요합니다.

그리 어려운 이야기가 아닙니다. 기본이 되는 사고방식은 다음과 같습니다.

- 아이의 기준을 부정하지 않는다
- 어른의 기준을 아이에게 강요하지 않는다

사실 이 정도입니다.

메타인지를 할 수 있는 사람만이 가르칠 수 있다

인간에게는 자신과 마주하는 것조차 어려운데 더욱이 자신을 부감적으로 파악하고 거기서 무언가를 배우는 상태까지 가는 것은 성인에게도 어려운 일입니다. 메타인지를 할 수 없는 성인이 스스로 메타인지를 할 수 있게 되는 것은 아닙니다. 일류 운동 선수나 경영자가 굳이 코칭을 받는 이유는 자아를 깊이 파고들 때 의식이 산만해지지 않도록 '사고의 동반자'가 필요하기 때문입니다.

당연히 아이들도 스스로 메타인지 능력을 갖추는 것은 쉽지 않습니다.

아이들에게 메타인지를 가르치려면 메타인지를 할 수 있는 어른이 동반자가 되어서 꾸준히 뇌에 적절한 부하를 주어야 합니다.

먼저 자신과 마주하는 훈련부터 시작해 그것이 자연스레 되면 점과 점을 연결하는 연습을 합니다. 그렇게 작은 성공 경험을 쌓아가면 어른의 도움 없이도 스스로 자신의 문제를 찾고 대책을 고민하는 자기 주도형 인간이 될 수 있습니다.

이를 입증한 곳이 고지마치 중학교입니다.

사실 메타인지 교육을 교육 현장에 도입하는 데 있어 가장 큰 걸림돌은 교사들이 메타인지 능력을 갖추지 못했다는 점입니다. 구도 교장 선생님이 고지마치 중학교에 부임했을 때만 해도 메타인지를 할 수 있는 교사는 한정적이었다고 합니다.

그래서 구도 교장 선생님이 취한 행동이 중요했는데, 그는 교사들에게 메타인지 능력을 키우라고 무리하게 요구하지 않고 '세 가지 말하기'를 시작으로 모든 것을 체계화하고 규칙화해 나갔습니다.

- 자기 결정을 반복하게 하는 체계
- 자신을 언어화하는 기회를 늘리는 체계
- 남과의 비교가 아닌 자신의 성장에 의식을 집중하는 체계

이러한 체계를 그가 주체가 되어 필사적으로 고민하고 현장에 도입한 결과 아무리 메타인지가 서툰 선생님도 어느 정도 동반자 역할을 할 수 있었습니다.

미래 교육이 나아가야 할 방향을 생각하면 교사에게 요구되는 점은 학생 한 명 한 명이 자신과 마주하고 각자의 문제를 극복할 수 있도록 도와주는 코치 같은 존재가 되는 것입니다. 하지만 그것은 이상론일 뿐입니다. 고도의 메타인지 능력이 요구되는 코칭은 이삼 일간의 연수로 할 수 있는 것이 아닙니다.

아이와 마찬가지로 어른도 꾸준히 실천을 통해 뇌를 변화시켜야 합니다.

메타인지는 하루아침에 습득할 수 없다는 점을 알아야 합니다.

이 점이 아이들의 메타인지를 키울 때 가장 먼저 이해해야 할 부분입니다.

당장 메타인지가 안 된다고 해서 조급해하거나 자기 혐오에 빠질 필요는 전혀 없습니다. 주위에 메타인지를 가르쳐줄 선생님이 없다면 교육 관련 책을 읽거나, 강연을 듣거나, 사고 보조 도구를 알아보거나,

일기를 쓰거나, 코칭을 받아보면서 조금씩 뇌를 바꿔 나가는 것이 좋습니다.

핵심은 '나는 메타인지를 할 수 있는가' 하는 의식을 잊지 않는 것입니다.

한 가지 중요한 도움말이 있습니다.

구도 교장 선생님이나 기무라 교장 선생님처럼 아이들에게 긍정적인 영향을 계속 미치는 사람은 '이럴 때는 이렇게 대응하는 것이 좋다'라는 유효한 방법을 많이 가지고 있습니다. 모두 풍부한 경험과 고도의 시각에서 나온 도움말로 나의 눈을 뜨게 합니다.

이런 방법론은 적극적으로 받아들이고 싶지만 단순히 책을 보고 머릿속에 입력해두는 것만으로는 자신의 것이 되지 않습니다. 그 방법을 발동해야 할 상황에서 심리적 위험 상태에 빠져 기억에서 꺼내지 못하는 경우가 자주 있기 때문입니다.

예를 들어 고지마치 중학교의 '세 가지 말하기' 같은 경우입니다.

평소라면 아이를 야단치는 장면에서 '무슨 일이야?'라고 부드럽게 묻는 행동은 그 효과를 들으면 '그렇구나'라고 생각하겠지만 막상 실천할 수 있을까요? 어려울 겁니다.

그래서 자신이 익히고 싶은 방법을 배울 때는 심리적으로 안전한 상태에서 반복적으로 연습하는 것이 중요합니다. '지금까지의 나라면 절대 하지 않을 접근법'이라고 느낀 방법일수록 의식적으로 사용하는 횟수를 늘려야 합니다.

여러 번 사용해서 그것이 자신의 기억이 되면 감정이 폭발할 것 같은 순간에도 그 방법이 자신의 '반응'으로 쉽게 나타납니다. 100퍼센트는 아니더라도 발동 확률을 높일 수 있습니다.

메타인지력을 기르는 이상적인 주제
① 갈등

교육 현장에서 활용할 수 있는 구체적인 방법론은 구도 교장 선생님께 맡기고, 나는 아이들이 메타인지력을 기르는 이상적인 주제인 '갈등'과 '꿈'을 설명하겠습니다.

우리는 성장하는 과정에서 다양한 갈등을 극복해왔습니다. 갈등을 겪을 때는 힘들었을 수도 있지만 나중에 돌아보면 '그때의 갈등이 있었기에 지금의 내가 있다'고 생각하는 사람도 많습니다.

갈등이란 의사 결정 과정에서 '둘 다 옳다고 생각되는 선택지가 부딪혀서 답을 선택할 수 없는 상태'를 말합니다.

뇌는 나 A와 나 B가 정면으로 부딪쳐 끝없는 싸움을 벌이는 것처럼 뇌 속의 다양한 정보를 끄집어내어 답이 없는 답을 필사적으로 도출하려고 하기 때문에 엄청난 에너지를 소비합니다. 따라서 사람은 갈등 상태에 있을 때 강한 스트레스 반응을 일으킵니다.

갈등이 힘들다는 것은 자연스러운 반응으로 대다수 사람은 갈등이 생기면 귀찮아 하며 생각을 멈추려고 합니다. 사실 갈등이 오래 지속되면 해마가 위축되거나(학습이나 새로운 기억을 받아들일 수 없다) 우울증을 유발할 수 있기 때문에 아이가 만성 스트레스 상태에 빠지지 않도록 주의해야 합니다.

그러나 관점을 바꾸면 나 A와 나 B가 충돌하는 상태는 여러 고정점을 동시에 발화시키는 부감시 그 자체입니다. '내 안에는 이런저런 생각들이 있구나', '지금까지는 이렇게 생각했지만 다른 방식도 있구나' 하는 것을 인지하는 것이 아이에게는 큰 배움이 됩니다.

더욱이 그 갈등 경험을 큰 배움으로 바꿔가기 위해서는 갈등한 사실과 스스로 의사 결정을 내린 사실, 그 결과 어떻게 되었는지를 나타내는 시계열이 다른 정보를 동시 발화시켜야 합니다.

이 동시 발화는 아이 혼자서 할 수 없습니다. 교사와 부모가 중요한 역할을 합니다.

성공한 아이와 함께 들떠서 끝나는 것이 아니라 '그런데 그때는 정말 힘들었지'라는 말을 할 수 있는가? 실패한 아이에게 단지 위로하는 것이 아니라 '너는 너대로 많은 생각을 했어. 그것으로 많이 성장하지 않았니'라는 말을 할 수 있는가?

이런 경험을 여러 번 하면 갈등 상황에 직면했을 때 갈등이 꼭 나쁘다고만 생각하지 않습니다.

성공이나 실패와 같은 '결과'에 얽매이지 않고 '성장'에 의식이 향합니다. 그러면 이 갈등의 끝에는 무언가가 있다는 기대감을 자연스럽게 가집니다.

아이들이 직면하는 가장 흔한 갈등은 진학 문제입니다. 예를 들어 부모는 자녀가 상급학교에 진학하기를 원합니다. 아이도 공부가 그리 힘들지 않고, 부모의 기대에 부응하고자 상급학교에 진학하는 것이 미래의 안정성도 높아진다고 생각합니다. 하지만 내면의 자신은 예술에 흥미가 있어 그 분야에 뛰어난 학교에도 관심이 있습니다.

이때 주위 어른이 아이의 갈등을 알아차리지 못하고 '나쁜 소리 안 할 테니 잠자코 상급학교에 가라'며 강제로 갈등을 멈추게 한다면 학습 효과는 전혀 없습니다. 굳이 말하자면 '헤맬 때는 어른이 정해주면 편하다' 정도일 것입니다.

더욱이 그 결과가 좋지 못하면 '저 사람 때문에 내가 불행해졌다'는 불만만 남습니다. 매우 안타까운 일입니다.

매번 어른이 '이렇게 해라, 저렇게 해라' 하고 바로 답을 주어 갈등 경험이 부족한 채로 성인이 되면 아이는 스스로 의사 결정을 할 수 없을 뿐만 아니라 갈등을 회피하는 사람으로 자랍니다. 과연 그것이 우리 어른들이 원하는 일인지 냉정하게 생각해볼 필요가 있습니다.

구도 교장 선생님의 '세 가지 말하기'는 바로 갈등을 유발하는 말입니다. 갈등은 가장 강력한 두뇌 트레이닝입니다. 어른은 아이의 갈등을 멈추게 해서는 안 됩니다.

메타인지력을 기르는 이상적인 주제
② 꿈

갈등과 함께 아이의 메타인지를 기르는 이상적인 주제는 '꿈'과 '목표'입니다. 아이가 자신의 꿈을 계속 그릴 수 있는 환경을 만들어주는 것이 어른의 역할이고, 그것이 곧 메타인지 훈련이 됩니다.

이번 연구에서는 구도 교장 선생님과 기무라 교장 선생님의 이야기를 들을 기회가 많았는데 두 분의 발언에 핵심이 들어 있어서 인상적이었습니다. 어떤 반론이나 질문이 제기되든 항상 일관성이 있습니다. 그런 일관성이 가능한 것은 평소에 그것을 깊이 생각하고, 더욱이 그 생각과 연계된 행동을 매일 실천하기 때문에 뇌에 강한 기억으로 남아 있기 때문입니다.

자신이 원하는 모습이나 실현하고 싶은 목표를 말로 표현할 수 있는 사람은 많습니다. '새해가 시작될 때 올해의 목표를 세우는 것. 학교 작문 시간에 장래의 꿈을 적는 것.' 이 정도는 누구나 할 수 있습니다.

그러나 그 발언의 대부분은 그 순간에만 전전두엽피질에서 생각하여 답을 끌어내는 반응에 불과합니다.

그것을 '반응'이 아닌 일관성 있는 '상태'로 바꾸기 위해서는 자신이 원하는 모습과 하고 싶은 일을 매일매일 생각하는 것이 중요합니다.

제가 감명받은 이나모리 가즈오의 말이 있습니다.

"같은 꿈을 계속 꾸면 그 꿈은 점점 더 선명해지고 세세한 부분까지 알 수 있게 되어 결국에는 컬러로 보입니다. 그것이 바로 비전입니다."

같은 것을 여러 번 생각하고, 깊이 파고들고, 거시적으로도 미시적으로도 보고, 시뮬레이션을 해보면 처음에는 흑백으로 흐릿하게 보였던 꿈이 마치 현실처럼 느껴집니다.

운동 선수든 경영자든 큰 꿈을 실현하는 사람들의 공통점은 생각을 계속 갖고 있다는 것입니다. 스티브 잡스는 매일 거울 앞에서 자기와 대화를 했다고 합니다.

같은 생각을 계속하는 것이 메타인지 훈련이 되는 이유는 아무리 메타인지 능력이 부족한 사람이라도 결국 의식의 화살표가 자신을 향할 수밖에 없기 때문입니다.

목표가 막연할 때는 자신에게 향하지 않을 수 있습니다. 하지만 목표가 선명해지고 어떻게 하면 실현할 수 있을지를 진지하게 생각하기 시작하면 자신의 강점과 과제, 자신의 신념과 고집 등을 정면으로 마주하는 상황에 처합니다.

그 꿈이 이루어지든 그렇지 않든 자신과 진지하게 마주하고 자신을 성장시킨 경험은 평생의 무기가 됩니다.

아이가 진심으로 하고 싶어하는 꿈을 언제부터 그리기 시작할지는 알 수 없습니다. 지금 꿈이 없다고 해서 탓할 필요도 없습니다.

하지만 아이가 꿈을 말하기 시작할 때 그 열정과 진심을 얼마나 끌어올릴 수 있느냐는 주위 어른의 지원이 크게 영향을 미칩니다.

메타인지로
실현하는 웰빙

메타인지는 우리의 성장을 촉진할 뿐만 아니라 개개인의 행복과도 연결되는 중요한 능력입니다.

아오토 미즈토

나는 본질적으로 이해하지 못하는 것에는 의욕이 생기지 않는 고집스러운 면이 있습니다. 신경과학을 만나 뇌를 연구하기 시작한 초기에도 오로지 이성적으로만 생각했기 때문에 논리로 파악하기 어려운 사람의 '감정'은 뒤로 미뤄두었습니다. 하지만 뇌를 알면 알수록 사람의 감정과 감각이 그 사람의 사고 패턴과 행동에 지대한 영향을 미친다는 사실을 깨닫고 이후 '사람의 행복이란 무엇인가'가 내 연구 주제의 한 축으로 자리 잡았습니다.

그래서 내린 한 가지 결론은 '행복해지고 싶다면 자신의 행복과 항상 마주하는 수밖에 없다'는 것입니다. 행복은 어딘가에 요구하는 것이 아니라 내 안의 행복과 적극적으로 마주함으로써 '행복한 상태', 즉 '웰빙'을 실현할 수 있는 것입니다.

'행복happy'과 '행복한 상태wellbeing'는 비슷한 듯 다른 개념입니다.

행복은 뇌가 보이는 일시적인 반응입니다. 평소와 다른 자극이 들어오면 뇌의 평형 상태가 깨져 뇌의 특정 부위가 전기적, 화학적으로 반응하는 것일 뿐입니다. 그러나 평형 상태가 깨지면 원래대로 돌아가려고 하는 것이 인간이기 때문에 행복이라는 반응이 나타났을 때 그것을 알아차리지 못하면 기억에 남지 않습니다.

그래서 먼저 개별 반응을 '점'으로 인식하는 것이 중요합니다. 그리고 그것들을 메타인지를 통해 '점과 점'으로 연결하면서 처음으로 '내 인생이 나쁘지 않다'고 인식할 수 있습니다.

그날에 행복했던 일을
묻는다

아이의 메타인지 능력과 자기 긍정감을 높이고 동시에 웰빙을 실현하는 간단한 방법으로 나는 '그날에 행복했던 일'을 매일 아이에게 묻는 것을 추천합니다. 매우 단순하지만 효과는 뛰어납니다.

가정에서 실천한다면 식사 시간에 가족끼리 서로 보고하는 것도 좋습니다. 그러면 부모도 메타인지 훈련을 할 수 있고, 뇌에 쌓이기 쉬운 부정적인 정보를 조금씩 바꿔주는 좋은 기회가 됩니다. 매일 시간을 딱 정해놓고 할 필요는 없습니다. 일상의 대화 속에 녹여낼 수 있다면 충분합니다.

핵심은 가능한 매일 하는 것입니다.

자신을 돌아보고 살펴보는 행위, 즉 내성의 회로를 두껍게 하려면 많은 횟수가 필요한데 사람의 기억은 본인이 생각하는 것보다 더 모호합니다. 시간축이 길어지면 대부분의 정보는 잊혀지고 인상 깊은 기억 (전문 용어로 피크엔드 정보)만 남습니다.

사람은 강한 감정과 연관된 기억일수록 해마에 쉽게 고정되기 때문

아오토 미즈토

에 아무래도 피크엔드 정보는 '혼났다', '실패했다', '부끄러웠다'와 같은 부정적인 경험이 많아지는 경향이 있어 일상의 소소한 행복을 잊어버리기 쉽습니다. 그래서 회고는 기억이 생생할 때 하는 것이 좋습니다.

그런 세부 정보를 제대로 인식하여 그때의 감정을 세트로 기억하고 그것을 공유하는 행위를 통해 자신에 관한 긍정적인 정보가 조금씩 기록됩니다.

그리고 사람들과 이야기하면서 자신의 관심사, 소중히 여기는 가치관, 행복을 쉽게 느끼는 지점 등이 조금씩 메타인지 할 수 있게 됩니다.

또 하나의 핵심은 듣는 사람이 상대의 말을 있는 그대로 받아들이는 것입니다.

내가 주최하는 워크숍에서도 상대의 말에 '왜?' '어떻게?' '무엇이?'와 같은 논리를 요구하는 사람이 간혹 있습니다. 물론 자신의 반응성을 언어화하는 작업도 메타인지 훈련으로 중요합니다. 하지만 아이에게는 고도의 기술일 뿐만 아니라 뇌의 회로도 하루아침에 만들어지지 않습니다.

원래 사람의 감각과 감정은 비언어적 반응이기 때문에 반드시 이유가 있는 게 아닙니다. 그 이유를 언어로 설명할 수 없다고 해서 그 반응을 경시하는 것이 아니라 비언어적 반응성을 중요하게 여기면 '좋다', '멋지다', '즐겁다', '좋아한다'와 같은 긍정적인 감정이 쉽게 생겨나는 뇌로 바뀝니다.

실제로 사람의 뇌에는 전방 섬피질*Anteria Insula*이라는 감정의 강도를 주관적으로 모니터링하는 부위가 있습니다. 일상생활에서는 잘 쓰이지 않는 부위인데, 크고 작은 기뻤던 일을 매일 반복해서 생각하면 그 영역도 Use it or lose it 원리로 강화됩니다. 그러면 작은 행복도 쉽게 인지할 수 있는 뇌가 됩니다.

자신의 내면을 언어로 표현하는 훈련은 내성이 뛰어난 뇌로 바뀐 다음에 시작해도 충분합니다. 일단은 '왜 그런지 잘 모르겠지만 그렇게 느꼈다'는 사실을 받아들이는 것입니다.

마지막으로 내 강연에 참석한 한 남자에게서 들은 후일담을 하겠습니다. 그는 능력 있는 경영자로 가정에서도 직장에서와 마찬가지로 자녀와 매일 회고 시간을 갖는 게 습관이었다고 합니다. 하루하루 문제의식을 강하게 가지고 행동을 개선해 나가는 전형적인 비즈니스맨의 사고방식입니다.

강압적으로 하다 보니 아이는 행복해 보이지 않았고, 이에 그도 찜찜한 마음이 들었지만 '문제 해결 능력을 기르는 것이 아이의 미래에 절대적으로 도움이 된다'고 믿고 계속했다고 합니다.

하지만 내 강연을 듣고 생각을 바꿨다고 합니다.

매일의 회고를 통해 아이가 성장했거나 기뻤던 일에 의식을 기울이게 되면서 본인도 아이도 스트레스 요인이 사라지고, 가정에서 대화도

늘었으며 무엇보다 매일 행복한 기분으로 잠자리에 들 수 있어 좋았다

는 말을 들었습니다.

여러분도 꼭 시도해보기 바랍니다.

Memo.

Memo.

Memo.

chapter

4

아이의
메타인지 능력을
기르는
방법

: 구도 유이치

♥

구체화와
지속성

고지마치 중학교에서 구체화와 지속성이 일관되게 추구한 것은 학생들의 '자율'이며, 이를 뇌과학의 맥락에서 대체할 때의 핵심 개념으로 삼은 것이 '메타인지 능력'입니다. 신경과학적 정의는 아오토 씨가 해주었는데 내가 아이들에게 메타인지를 설명할 때 사용하는 정의는 다양합니다.

- 자신을 알아가는 힘
- 자신을 통제하는 힘
- 자신을 성장시키는 힘
- 부정적인 것을 긍정적으로 바꾸는 힘

대충 이런 느낌입니다.

아오토 씨도 말했듯이 메타인지 능력은 쉽게 습득되지 않습니다. 메타인지 능력을 향상시키기 위해 많은 사람이 내 세미나에도 참석합니다. 비즈니스 코칭을 받는 사람도 많습니다. 하지만 그런 사람들의 메타인지 능력이 향상되었는가 하면 꼭 그렇지는 않습니다.

논리를 이해하는 단계에서 만족하고 그만두는 사람이 있는가 하면 구체화할 수 있음에도 지속하지 못하고 끝내는 사람이 많기 때문입니다.

따라서 학교에서 아이들에게 메타인지 능력을 가르치기 위해서는 학생, 교사, 학부모 모두가 '나를 알고 나를 바꾸는 것'의 중요성을 제대로 이해하고 '세 가지 말하기'로 대표되는 심리적 안전성이 어느 정도 보장된 상태에서 지속적인 훈련이 가능한 체계와 제도를 어른들이 잘 만들어야 합니다.

♥

남다른 사람은
자신을 잘 안다

그렇다면 아이에게 메타인지의 중요성을 이해시키려면 어떻게 해야 할까요? 고지마치 중학교에서는 메타인지의 개념과 그 중요성을 이해시키기 위해 아이들에게 친숙한 '작심삼일'이라는 현상을 예로 들어 설명합니다. 어느 학교나 가정에서도 활용할 수 있으니 참고하기 바랍니다.

작심삼일은 대다수가 경험해봤을 것입니다. 학교에서 '작심삼일을 경험해보지 못한 사람?'이라고 물으면 손을 드는 아이는 거의 없습니다. 반면 '작심삼일이 부끄러운 일이라고 생각하는 사람?'이라고 물으면 이번에는 거의 모두가 손을 듭니다.

모두가 경험하는 일인데 왜 부끄럽다는 부정적인 인상을 가지는 걸까요? 그것은 아이가 새로운 일에 도전할 때 어른이 '힘내라', '참아라'와 같은 정신론을 당연하다는 듯이 요구하기 때문이 아닐까요?

힘내라고 말해주면 잘 안 되었을 때 아이는 '잘 안 된 원인이 자신이 노력하지 않았기 때문'이라고 실패 경험과 정신론을 연결 짓습니다.

성실한 여자아이가 번아웃 증후군에 걸리기 쉽다고 하는데 번아웃 증후군에 걸리는 이유는 '성공하기 위해서는 열심히 노력해야 한다'는 생각이 몸에 배어 있기 때문에 자신의 수용력을 넘어선 부하를 걸려고 하기 때문입니다.

하지만 뇌는 본래 열심히 노력하도록 되어 있지 않습니다. 아오토 씨의 설명처럼 새로운 것이나 이질적인 것, 혹은 자신에게 고통을 느끼는 것은 항상성*Homeostasis*, 에너지 보존, 방어 본능 등의 이유로 뇌가 스스로 작동을 멈추려고 하기 때문입니다.

다시 말해 사람이 작심삼일이 되는 것은 자연스러운 현상입니다. '열심히 하지 못하는 나는 안 돼'라고 자책할 필요가 없으며, 오히려 '작심삼일을 정신론으로 극복하려는 것' 자체가 잘못된 것입니다.

노력하지 못하는 자신은 안 된다고 생각하는 아이가 있다면 '너는 전혀 문제없어. 그게 정상이야'라고 어른이 제대로 알려주는 데서 작심삼일 극복과 메타인지 훈련이 시작됩니다.

그렇다면 작심삼일을 극복하기 위해서는 구체적으로 어떻게 해야 할까요?

사람의 뇌 사용 방법에는 습관이라는 것이 있어서 무의식 상태에서 새로운 것을 하려고 해도 뇌가 쉽게 받아들이지 않습니다. 뇌의 본능적인 거부 반응을 억제하기 위해서는 새로운 자극을 의식적으로 반복해서 뇌가 익숙해지도록 해야 합니다.

즉 작심삼일을 극복하기 위해서는 원래라면 반복할 수 없는 것을 어떤 수단을 써서 반복하는 수밖에 없습니다.

그렇다면 어떻게 반복하면 될까요?

그래서 인용하는 것이 일류 운동 선수입니다.

일류 축구 선수는 공을 차기 전에 여러 가지 동작을 취합니다. 그렇게 정해진 행동 패턴을 루틴이라고 하는데, 일류 선수는 경기 중 긴장된 상황에서 자신의 실력을 조금이라도 더 발휘할 수 있도록 그 루틴을 생각합니다. 긴장하는 자신에게 긴장하지 마라고 되뇌어도 아무 소용이 없는데 일류 선수는 긴장하는 자신을 일단 인정하고 어려운 상황에서도 이상적인 킥이 반복되기 쉬운 '체계'를 생각합니다.

이렇게 설명하면 아이들도 납득합니다.

인간이라면 누구나 긴장하고, 편안해지고 싶고, 집중력이 떨어지고, 잊어버리기도 합니다.

핵심은 자신이 이런 상황에서 그렇게 되기 쉽다는 것을 먼저 아는 것입니다. 그런 다음 그것을 물리치기 위해 어떤 일을 할 수 있는지 정신론 이외의 다른 방면으로 생각해보는 것입니다.

루틴 외에 자주 언급되는 것은 메이저리거 오타니 쇼헤이 선수가 고등학교 시절에 사용했던 만다라트입니다.

만다라트는 목표 달성 과제를 언어화하기 위해 사용하는 사고 도구입니다. 한 장의 종이를 9등분하고 각각을 다시 9등분하여 총 81칸을 준비합니다.

가장 중심 칸에 최종 목표(드래프트 1순위 8개 구단)를 적고, 그 칸을 둘러싸듯이 최종 목표를 실현하는 수단(과제)을 8개씩 적습니다. 그리고 8개의 과제는 바깥쪽 칸의 중심에 각각 적고, 그 과제를 달성하기 위한 보다 구체적인 수단을 8개씩 적습니다.

예를 들어 드래프트에서 1순위로 뽑히기 위해 오타니 선수는 운이 좋은 사람이 되어야 한다고 생각했습니다. 그래서 운이 좋은 사람이 되기 위해 쓰레기 줍기, 방 청소하기, 인사하기 등을 과제로 삼았다고 합니다. 오타니 선수는 지금도 미국에서 쓰레기를 줍는다는 이야기를 들은 적이 있는데 그런 행동이 몸에 배어 있다는 증거입니다.

오타니 선수는 자신의 과제를 분석하고 말로 표현하는 단계에서 분명 자신을 '열심히 할 수 있는 사람인지, 할 수 없는 사람인지'라는 관점으로 바라보지 않았습니다. 이 점이 중요합니다. 과제를 극복하기 위해서는 항상 여기에 의식을 집중해야 합니다. 그래서 일부러 만다라트에 적어서, 아마도 벽에 붙여놓고 항상 볼 수 있도록 한 것입니다.

일류 선수는 자신을 잘 압니다. 자신을 객관적으로 봅니다. 하지만 그것만으로는 부족하고, 자신의 무의식을 바꾸기 위해서는 반복이 필요하고, 반복을 위해서는 체계가 필요하다는 것을 인식하고 있습니다.

♥

스스로 해결하도록
해야 하는 이유

고지마치 중학교에서는 '세 가지 말하기'를 시작으로 메타인지 능력을 향상시키기 위해 '스스로 문제를 찾고 해결책을 생각하는 것'을 철저하게 실천합니다. 왜냐하면 자신의 문제로써 과제에 임해 창의적으로 해결한 경험은 그 아이의 평생의 무기가 되기 때문입니다.

'자신의 문제'인지가 중요하기 때문에 물론 어른이 돕지만 결국은 스스로 결정하게끔 유도합니다.

경험을 통해 습득한 행동 특성을 '역량competency'이라고 합니다.

기업 채용 면접에서는 '이전 직장에서 어떤 것을 달성했습니까? 당시 직면했던 도전은 무엇이었습니까? 어떻게 극복했습니까?'라는 질문을 자주 합니다. 이때 면접관은 문제에 직면했을 때 자신의 감정을 어떻게 조절하고, 상황을 어떻게 바라보고, 목표를 달성하기 위해 어떤 전략을 짜고, 사람들을 어떻게 움직였는지 등 전쟁터와도 같은 사회에서 반드시 갖추어야 할 문제 해결 능력을 갖추었는가 하는 점을 알고 싶어합니다.

종이 시험으로는 절대로 측정할 수 없지만 그 사람의 능력을 가늠하는 데 필수적인 것이 역량이며, 메타인지 능력은 그 역량의 핵심 기술입니다.

경험을 통해 한번 익힌 힘은 이후 쉽게 발휘됩니다. 그러면 경험을 더 쌓게 되고 그 힘은 점점 더 단련되어 갑니다.

이 사실은 어른이라면 누구나 알 것입니다. 어렸을 때 스포츠나 음악 등에서 무언가를 성취한 경험이 있는 사람은 공부에 매진하면 바로 성과를 냅니다. 경영자로서 압도적인 성과를 거둔 사람은 업종이 바뀌어도 전문 경영자로 활약합니다.

다루는 지식이 바뀌어도 능력의 기반이 되는 역량은 보편적이기 때문입니다.

십 대, 이십 대에서는 메타인지 능력에 개인 차가 있다고 해도 솔직히 크게 눈에 띄지 않습니다. 하지만 이것이 40대가 되면 메타인지 능력을 꾸준히 갈고닦은 사람(자신을 성장시킬 줄 아는 사람)과 그 단련을 전혀 하지 않은 사람의 차이는 아주 큽니다.

그렇기 때문에 메타인지 능력은 어렸을 때부터 조금씩 훈련하여 적어도 사회에 나갈 때 그 밑바탕만이라도 단단히 만들어놓는 것이 학교 교육의 역할이라고 생각합니다.

♥

반성하지 않는 것이
출발점

앞에서 말한 작심삼일의 비유나 루틴의 이야기에서도 알 수 있듯이 메타인지 능력은 자신을 부감적으로 바라보는 힘을 키우면 얻을 수 있습니다. 이때 주의해야 할 점은 '반성하거나 자책하지 않는 것'입니다. 이를 위해 부모와 교사는 '아이를 비난하거나 부정하지 않는 것'을 철저히 지켜야 합니다.

물론 자신에 대한 객관적인 정보를 갖는 것은 메타인지에서 필수입니다. 자신을 의식하는 훈련도 필요합니다. 다만 아오토 씨의 말처럼 본인이 원하지 않아도 아이들은 학교, 가정, 학원, 친구 등 외부의 평가를 홍수처럼 받습니다.

메타인지에서는 자신의 정보나 평가를 '자기 부정의 재료'로 사용하는 것이 아니라 '자기 성장의 자양분'으로 바꾸는 의식의 전환이 중요합니다. 이 점이 모든 것의 출발점입니다.

그 의식을 바꾸기 위해서는 많은 사람이 상식이라고 생각하는 사고의 기본 전제가 되는 부분을 완전히 새로 써야 합니다.

- 이상적인 인간을 목표로 하라 ▶ 인간은 어차피 불완전해
- 실패는 용납되지 않는다 ▶ 인간은 누구나 실패하며 실패해도 돼
- 좋은 학교에 가라 ▶ 학교는 연습장에 불과해
- 주위와 맞춰라 ▶ 사람은 제각각 달라
- 기합으로 이겨내라 ▶ 힘들어하는 게 정상이야

이런 의식 개혁이 학교 전체에서 이루어지지 않는 한 어른들은 아이를 계속 부정하고, 아이들은 자신을 객관적으로 바라볼 수 있어도 자신을 계속 탓합니다. 결과적으로 자기 긍정감을 잃은, 당사자 의식이 결여된 아이를 양산합니다.

특히 내가 '부정하지 않기'의 중요성을 뼈저리게 느끼는 경우는 누

군가를 설득해야 할 때입니다.

　메타인지 능력이 높은 사람을 상대하는 경우는 제외하고, 자신의 사고나 언행 패턴에 문제가 없다고 믿는 사람에게 '그건 틀렸어. 이게 맞아'라고 부정적으로 접근해도 '그렇군요, 알겠어요'라고 대답하는 경우는 거의 없습니다. 머리에 피가 솟구쳐 오르면서 냉철한 판단을 할 수 없고 감정 대립만 일어납니다.

　가뜩이나 사람은 자신을 돌아보기 어려운 동물인데 자신이 옳다고 생각하는 것을 정면으로 부정당하면 자신을 돌아볼 수 없습니다.

　물론 이것은 아이들에게 메타인지를 가르칠 때도 마찬가지입니다. 부정하지 않고, 비난하지 않고, 반성하지 않도록 어른이 충분히 주의해서 심리적 안전성을 유지해줄 때만 아이들은 제대로 된 사고를 하고 때로 자신의 잘못을 솔직하게 인정합니다.

♥

그 한마디가 메타인지의 기회를 빼앗는다

아이에게 하는 어른의 말은 정말 의미가 큽니다.

예를 들어 아이가 스피치 연습을 하고 있다고 해봅시다. 이때 아이가 자신의 과제를 찾는 가장 효율적인 방법은 녹음이나 녹화를 하는 것입니다.

나도 교사가 된 초기에는 내 수업을 녹음해서 들어보았습니다. 그러다 보니 '이 말투는 고쳐야겠다', '이 말로 상처받는 아이가 있겠다' 등 많은 깨달음을 얻었습니다. 아무리 자신을 객관적으로, 부감적으로 바라보는 것이 서투른 사람이라도 녹음이나 녹화를 하면 강제적으로 자신을 분리할 수 있습니다.

그럼 아이의 스피치를 스마트폰으로 녹화했다고 가정합시다. 분명히 쑥스럽게 말하고 있어서 아직 개선의 여지가 있어 보입니다.

여기서 대다수 어른은 거의 무의식적으로 '너 참 부끄러워하는구나'라고 말합니다. 사실 이 한마디가 아이의 성장을 막습니다.

현재 교육의 주류는 아이들에게 반성을 촉구하는 것입니다. 교사가 '자신과 마주하라', '자신을 바라보라'는 말은 기본적으로 반성하라는 의미로 사용되고 있습니다. 하지만 그렇지 않습니다.

아이도 자신의 영상을 보여주면 자신이 쑥스러워한다는 것을 압니다. 그것이 과제라는 것을 알고 그 과제를 해결하고 싶은 마음이 생기면 쑥스럽지 않은 방법에 의식이 향합니다.

하지만 어른이 '너 부끄럽구나'라고 말하자마자 아이의 머릿속에는 '나는 사람들 앞에서 말하다가 실패했다'는 기억이 남아 반성, 후회, 미래에 대한 불안감에 사로잡힙니다. '더 잘해야지' 하는 마음도 사라질 수 있습니다. 또 부정적으로 말한 어른을 더욱 불신해서 더 이상 말을 듣지 않는 경우도 종종 있습니다.

즉 아이에게 자신을 객관적으로 알 수 있는 기회를 만들어주었다 해도 어른이 일방적으로 아이에게 나쁜 점만 지적하면 좋지 않습니다.

그렇다면 이 상황에서는 어떤 말이 적절할까요? 여기서도 '세 가지 말하기'와 같습니다.

- 상대를 부정하지 않는다. 현재 상황이 괜찮다고 말한다.
- 본인이 어떻게 생각했는지, 어떻게 하고 싶은지 묻는다.
- 경우에 따라서는 본인의 생각과 정반대로 말한다.
- 그 외에 필요한 것이 있는지 묻는다.

이상적인 대화를 나열해 보겠습니다. 괄호 안은 발언의 의도입니다.

어른: 오호, 좋잖아. 넌 어떻게 생각했어? (오케이를 한다. 본인
의 기분을 묻는다)

아이: 하지만 왠지 모르게 좀 떠는 것 같고.

어른: 전혀 문제없는데. 더 잘하고 싶어? (반성하는 것 같아서 긍
정해준다. 의사를 확인한다)

아이: 네.

어른: 그건 좋은 자세야. 게다가 과제를 깨달았다니 대단해. 여기를 바꾸면 되겠네. (자신에게 의식의 화살을 돌린 것을 칭찬한다. 개선 의욕을 높인다)

아이: 아하, 그렇군요.

어른: 하긴 좀 더 잘할 수 있는 힌트는 있었던 것 같아. 궁금하면 알려줄까? (해결의 실마리가 있다는 것을 알려준다. 마지막은 스스로 결정하게 한다)

이처럼 어른들은 아이가 자신의 모습을 있는 그대로 받아들이고, 그것을 긍정적으로 바꿔 나가려면 어떻게 해야 하는지 스스로 생각하게끔 만들어야 합니다. 이때 자신의 생각과 정반대의 말을 하는 것에 거부감을 느낄 수 있습니다. 하지만 그래도 우선순위는 아이가 반성하면서 의욕을 잃지 않도록 현 상황의 모든 것에 동의해주는 것입니다.

물론 항상 이렇게 잘되는 것은 아닙니다. 교사 입장에서는 순조롭게 잘되어도 가정에서는 감정이 앞서 실패할 때도 있습니다. 다만 이런 부분을 평소에 의식한다면 실패하더라도 후속 조치를 취할 수 있으니 일단은 가벼운 과제부터 시도하기 바랍니다.

철저하게
과정을 의식시킨다

아이들이 자신과 마주하는 기회를 늘리는 가장 쉬운 방법은 결과가 아닌 과정에 의식이 향하도록 어른이 유도하는 것입니다. 올바른 칭찬법에서도 언급했듯이 많은 어른이 습관적으로 하는 '결과를 칭찬하는 행위'에서는 과정에 의식을 집중할 여유가 없습니다.

오로지 과정에만 칭찬하면 아이들은 '과정의 질'을 추구하는 방향으로 의식이 바뀝니다.

상징적인 예가 고지마치 중학교의 정기고사와 숙제의 폐지입니다.

정기고사가 있으면 '친구보다 좋은 점수를 받는 것'이 학생의 목적이 되기 쉽기 때문에 평소에는 공부하지 않다가 시험 직전에 밤샘 공부를 하는 현상이 일어납니다. 또 숙제가 있으면 '제출하는 것'이 목적이 되어 아는 문제만 풀고 모르는 문제는 방치하는 현상이 일어납니다.

공부의 본질은 모르는 것을 알아가는 것이므로 아이의 귀중한 시간이 전혀 의미 없는 일에 빼앗깁니다. 특히 숙제는 시키는 대로 하는 것이지 스스로 선택한 것이 아닙니다. 따라서 아이들은 공부를 싫어하게 됩니다.

어느 경우든 '아이의 학력 향상'이라는 목적과 반하는 현상이 발생합니다.

그래서 고지마치 중학교에서는 정기고사를 폐지하고 그 대신 출제 범위가 좁은 단원 평가제를 도입했습니다. 더욱이 단원 평가 점수에 만족하지 못하는 아이는 재시험을 볼 수 있도록 제도를 근본적으로 바꿨습니다. 동시에 숙제도 없앴기 때문에 아이들은 스스로에게 맞는 공부 스타일을 확립해야 합니다.

이러한 체계를 철저하게 갖추면 아이들의 사고 패턴은 '모르는 것을 알고 싶다', '시험에서 좋은 점수는 못 받았지만 좀 더 잘할 수 있었다'는 식으로 능동적으로 변합니다. 정기고사도 숙제도 없으면 아이들이 공부를 하지 않을 것이라고 생각하는 어른이 많습니다. 하지만 이는 '시키지 않으면 아이들은 아무것도 하지 않는다'는 어른의 착각일 뿐입니다.

특히 아이들의 학습 의욕을 자극하는 것은 단원 평가 재시험 제도입니다. 시험을 치를지 여부는 완전히 자유이며, 재시험을 치르면 두 번째 점수가 성적이 되는 구조입니다. 그러면 아이들의 머릿속에서는 반 친구에게 이기고 지는 생각에서 1차 시험을 치른 자신에게 이기고 싶다는 생각으로 바뀝니다.

첫 결과가 좋지 않으면 스스로 과제를 해결하려는 의지가 생깁니다. 따라서 모르는 것을 알기 위해서는 어떻게 할지 고민하고, 친구에게 묻고, 인터넷에서 찾아보고, 선생님에게 물어보고, 도서관에 가는 등 나름의 시행착오를 겪습니다. 물론 그 과정에서 교사가 이래라저래라 지시는 전혀 없습니다.

처음에는 어떻게 해야 할지 몰라 대다수 아이는 친한 친구 그룹이나 선생님에게 질문하는 것으로 시작합니다. 아이들에게는 그 자체가 새로운 경험입니다. 만약 여기서 문제가 해결된다면 '곤란할 때는 누군가에게 물어보면 된다'는 것을 배웁니다.

몇 번 하다 보면 '영어는 이 친구에게 물어보면 되지만 수학을 잘 알려줄 친구는 없을까' 하고 자신의 공부법을 보완하려고 합니다.

예를 들어 친한 아이에게 반에서 누가 수학을 가장 잘하는지 물어본 다음 그 아이와 친하지 않으면 다른 친구를 통해 부탁하는 등 스스로 문제를 풀어갑니다. 이런 문제가 잘 해결되면 이번에는 상담 상대가 중요하고, 인맥을 넓히면 상담 상대도 늘어난다는 것을 배우고 이를 반복합니다.

고지마치 중학교에서는 3학년이 되면 선생님이 말하지 않아도 모두 스스로 공부하는 환경이 만들어집니다. 교육 현장을 찾아오는 사람들은 그 광경을 보고 모두 놀라워합니다. 이런 교육 환경이 실현 가능한 것은 말로만 하는 교육이 아니라 철저하게 과정에 의식이 향하도록 환경을 조성했기 때문입니다.

모델링의
힘

아이들이 자신만의 성장 방법을 자유롭게 궁리하기 시작하면 심리학에서 말하는 '모델링'을 적극적으로 활용하기도 합니다. 모델링은 표본이 되는 어떤 대상을 주의 깊게 관찰하고 분석하여 자신을 그 표본에 가깝게 만드는 행위나 현상을 말합니다.

아오토 씨의 설명에서도 알 수 있듯이 자신이 이상으로 생각하는 모습과 현재 자신의 모습을 비교하는 행위는 부감 그 자체로, 자신의 과제를 구체화하기 쉽고 성장이 빠르다는 장점이 있습니다.

TV에서도 자주 소개되는 도쿄 하라다사칸(原田左官) 공업소에서는 한 사람 몫을 하기까지 10년이 걸리는 미장 장인 업계에서 입사 2개월 만에 현장에 투입되는 기술을 가르쳐 4년이면 일인자로 성장시키는, 상식을 훨씬 뛰어넘는 속도로 인재를 육성하고 있습니다. 이런 육성이 가능한 것이 모델링입니다. 먼저 자신이 일하는 영상을 꾸준히 촬영한 다음 명인의 일 영상과 비교하며 조금씩 명인의 동작을 따라함으로써 최단기간에 실력을 향상시키는 것입니다. '수년간 밑바닥 생활을 해야 도구를 만질 수 있다', '스승의 뒷모습을 보고 배워라' 등 기존 장인 세계의 사고방식과는 완전히 다릅니다.

물론 모든 아이에게 모델링을 강제로 권장하지는 않습니다. 기본적으로 자신에게 맞는 방법을 찾는 것이 중요합니다. 다만 그 방법을 잘 찾지 못하는 아이가 있다면 예를 들어 '친구의 노트 필기법을 따라해보면 어때?'라고 조언할 수 있습니다. 중요한 것은 자신을 부감적으로 보는 계기가 되는지 여부입니다.

테니스를 하는 아이가 '잘하는 사람의 스타일을 참고하는' 방식이 효과적이라고 느끼면 '자신의 스윙을 촬영해서 그 사람과 비교해보자는' 생각이 들고, 비교했는데도 자신의 문제점을 찾지 못하면 이번에는 '문제점을 지적해줄 만한 사람을 찾아보자는' 생각으로 이어집니다.

이런 경험을 학교에서 한다면 분명 아이들은 사회에 나가서도 모델링을 통해 자신을 성장시킬 것입니다.

♥

아이가 인지하지 못하는 것을 언어화한다

아주 개인적인 생각이지만 나는 '전문 지식의 양'이 아니라 '단어 선택

능력'으로 교사의 실력이 결정된다고 믿습니다. 아이들과 진심으로 마주하는 교사일수록 자신의 말 한마디가 아이의 인생을 좌우한다는 사실을 절감합니다.

나도 현직 교사로 재직할 때는 학기말이 다가오면 성적표에 어떤 말을 적어야 할지 매일 밤늦도록 고민했습니다. 열심히 하는 아이에게 '정말 잘했습니다', 불안해하는 아이에게 '침착합시다'라고 쓰는 것은 누구나 할 수 있습니다.

그때 내가 의식한 것은 본인이 알지 못하는 부분의 칭찬이었습니다. 어른도 그렇지만 자신이 의식하지 못한 부분을 칭찬받으면 순수하게 기분이 좋을 뿐만 아니라 그 부분에 의식이 향해 그것이 본인의 특성으로 바뀝니다. 당시에는 뇌과학 지식이 없었지만 사실 메타인지의 계기를 만들고 있었던 셈입니다.

항상 안절부절못해서 수업 시간에 돌아다니거나 선생님의 말을 잘 듣지 않는 아이가 있다고 해봅시다. 칭찬을 해주고 싶지만 대다수 선생님은 아이의 수업 중 행동이 머릿속에 선명하게 떠올라 금세 혼을 냅니다.

그러나 아이의 모습을 유심히 살펴보면 99%는 부적절한 행동을 하지만 아주 가끔씩 자신을 통제하고 문제를 피하는 순간이 있습니다. 그 순간을 교사가 알아차렸다면 '가끔 스스로를 통제하고 수업에 임하는 행동이 보였다'는 식으로 그 1%를 제대로 칭찬해줍니다. 그러면 다음

학기부터 흥미롭게도 아이의 행동에 변화가 보이고, 그전까지 1%였던 빈도가 5%, 10%로 늘어납니다.

교사가 기대감을 가짐으로써 아이가 실제로 변화하는 작용을 교육심리학에서는 '피그말리온 효과(교사 기대효과)'라고 합니다. '기대감'이 아이를 바꾼다기보다는 새로운 '언어'가 뇌에 들어와 그곳으로 의식이 향해 아이가 변화하는 것입니다.

'요즘 의식적으로 스스로를 잘 통제한다고 어머니께 말씀드렸어. 실제로도 그렇게 잘하고 있으니까.'

그러면 아이는 '그래요?'라고 미적지근하게 대답하지만 그날부터 행동의 변화가 보입니다.

아오토 씨의 설명에 따르면 아이가 자각하지 못하는 것을 언어화하여 전달하는 행위는 본인이 가지고 있는 자아상에 새로운 자아상을 설치하여 동시에 점화하는 것과 같습니다. '난 사실 이런 사람이구나', '난 이런 변화를 하고 있구나', '나의 이런 점이 인정받고 있구나'라는 것을 한 번이라도 학습하면 아이는 정말 그 방향으로 변합니다. 물론 그 반대의 경우도 가능합니다.

본인의 자아상에 없던 부정적인 정보를 어른이 일부러 언어화하여 전달하면 부정적인 피그말리온 효과가 발생합니다. 안타깝게도 우리의 교육 현장에서는 이런 패턴이 많이 나타납니다.

초등학교 1학년의 문제가 더욱 그렇습니다.

단체 행동이나 책상에 앉아 있지 못하는 아이가 있는 것은 본래 전혀 문제가 아닙니다. 그것은 발달 특성이 다른 아이를 수용하지 못하는 학교 체계가 문제입니다. 그런데 교사가 '넌 왜 다른 친구들처럼 앉아 있지 못하니?'라고 언어화하는 순간 아이는 '난 앉아 있지도 못하는 놈이야'라고 자신을 부정적으로 인식하기 시작합니다.

어른들은 말의 힘을 더욱 자각해야 합니다.

♥

대인 관계 문제는
자신을 아는 기회

누구에게나 싫거나 거북한 사람이 있습니다. 같은 반에서도 성격이 잘 안 맞는 친구는 꼭 있습니다. 아이들에게는 그것이 큰 스트레스 요인이 되는 경우가 많아 아무리 어른들이 '사회는 다 그런 거야'라고 말해도 납득하지 못합니다.

나도 대인 관계로 고민하는 학생의 상담에 여러 번 참여한 적이 있는데 아이의 의식을 크게 변화시키는 영향력 있는 말로 교사들은 '불편함은 대부분 자신이 신경 쓰거나 집착하는 것이다'를 자주 참고합니다.

특히 부모와 자식 사이에 이런 경우가 많습니다. 예를 들어 '도전을 두려워하는' 콤플렉스를 가진 아버지는 아이가 소심해지면 매섭게 꾸짖기도 합니다. 아무래도 감정이입이 잘되기 때문입니다.

하지만 그때 '그건 너가 너무 신경을 많이 써서 그래'라고 제삼자가 말해주면 스스로를 돌아보게 되고 감정 조절이 쉬워집니다. 초중학생이라면 조금 어려울 수 있지만 고등학생이 되면 즉시 효과가 나타납니다.

더욱이 이 말이 좋은 이유는 한 번만 지적하면 아이가 대인 관계로 화가 날 때마다 '왜 나는 지금 이 사람에게 짜증이 나는 걸까?'라고 자신과 상대를 부감적으로 보게 된다는 점입니다.

대인 관계에서 부딪히거나 불쾌한 경험을 할 때마다 자신에 대해 알게 됩니다.

♥

교사와 부모의 메타인지 능력을
어떻게 높일 것인가?

아이의 메타인지 능력을 키우기 위해서는 메타인지가 가능한 어른의 지원이 필요하다고 아오토 씨가 말했습니다. 정말 그렇습니다.

학교를 아이들이 자율적으로 학습하는 터전으로 바꾸려 해도 현재 교사에게 '지도' 방법은 가르치지만, '자율성을 촉진하는 지원' 방법은 가르치지 않아서 코칭 인력이 절대적으로 부족합니다.

하지만 나는 이 문제를 그렇게 비관적으로 생각하지 않습니다.

왜냐하면 교사든 부모든 자신의 생각을 강요하는 것을 멈추고, 아이의 미래를 위해 자신이 어떤 지원을 할 수 있는지로 전환한다면 일상에서의 아이와의 접점은 최고의 메타인지 훈련이 되기 때문입니다.

그 증거로 고지마치 중학교에서는 메타인지의 중요성을 교사들에게 전달하고 있지만 메타인지나 코칭과 같은 연수를 전혀 강요하지 않습니다.

고지마치 중학교는 공립이기 때문에 교사들이 자주 바뀝니다. 하지만 신참 교사라도 학교의 교육 목표와 지도 방침, 각종 제도에 따라 1년 정도 현장 경험을 쌓으면 자신을 부감적으로 보면서 행동과 감정을 조절할 수 있는 인재로 성장합니다.

돌이켜보면 내가 메타인지 능력을 키울 수 있었던 것은 교사가 되어 아이들을 부감적으로 보는 습관이 생겼기 때문입니다.

처음에는 경험 부족으로 아이들을 격려하는 데에 '잘했어', '열심히 했구나'와 같은 정서적인 어투를 자주 사용했습니다. 물론 아이들은 순간 기뻐하지만 내가 한 말이 잘 통할 때와 그렇지 않을 때가 있다는 것을 금세 깨달았습니다.

아이들에게 조언할 때도 마찬가지입니다. 고민에 빠져 우울한 아이, 나름 과제를 극복하기 위해 노력하는 아이, 어른의 압박에 짓눌려서 힘들어하는 아이 등 학급에는 정말 다양한 문제가 있습니다. 이 아이들에게 잘 안다는 듯이 설교하거나 자신도 모르는 정신론을 들이대는 것은 그들의 성장에 아무런 도움이 되지 않는다는 사실을 알았습니다.

그 이후로 나는 아이들이 처한 상황을 최대한 객관적이고 복합적으로 관찰하여 그들의 성장으로 이어지는 최적의 말이 무엇인지 매일 고민했습니다.

물론 말만 전달한다면 내 생각에 불과할 수 있기 때문에 아이를 지도할 때는 아이의 표정이나 말투, 행동 등에서 피드백을 얻으려고 노력했습니다. 표정만으로 알 수 없는 경우에는 내 말을 듣고 어떻게 생각했는지 직접 물어보곤 했습니다.

이런 일을 반복하다 보니 점차 아이들의 이해뿐만 아니라 자신에 대한 이해(남이 나를 어떻게 보는지)도 깊어져 아이들에게 와닿는 말을 고르는 능력이 나날이 향상됨을 느꼈습니다.

그렇게 언어화의 힘을 알게 된 나는 이제 그 말을 나에게 사용하기 시작했습니다.

예를 들어 감정이 폭발하기 쉬운 아이에게 '여기서 한번 차분하게 받아들이고 감정을 조절해보자'와 같은 한 단계 높은 대사는 자신의 일이 아니기 때문에 할 수 있는 말입니다. 하지만 내 말로 아이가 감정을 조금이나마 조절하는 모습을 보고 나도 적용해보니 동료와의 대화 방식이 달라졌습니다.

이십 대의 나는 내가 생각했던 학교 교육의 이상과 현실 사이의 괴리감 때문에 학교 간부와 선배 교사에게 매우 짜증이 났습니다. 때로는 신랄한 발언을 하기도 했습니다. 사물을 부감적으로 보는 경험이 부족해서 내 이상향과 맞지 않는 교육자들을 받아들일 수 없었기 때문입니다. 하지만 아이들에게는 '성질 내도 문제는 해결되지 않는다'고 말하고 있으니 그때 처음으로 '감정적인 나'에 대해 여러 가지로 생각했습니다.

내 안에서 메타인지로 자기 통제 능력이 한 단계 상승했다고 실감할 수 있었던 발상의 전환이 두 가지 있습니다.

첫 번째는 내가 일관되게 주장하는 '최상위 목적으로 돌아가자'는 발상입니다. 즉 '아이들을 위해서'라는 최상위 목적을 달성하기 위해서는 마음에 안 드는 교사가 있어도 감정을 드러내 충돌하지 말아야 합니다. 현명한 방법이 아니기 때문입니다. 그 교사의 생각을 바꾸려면 어떤 행동을 취하는 것이 최선인지를 집중적으로 생각했습니다.

두 번째는 '자신의 이상을 남에게 강요하지 않는다. 사람은 모두 발전 과정에 있다'는 일종의 깨달음입니다. 당시 나는 학급에 아무리 반항적인 아이가 있어도 지속적으로 적절한 조치를 취하면 결국 아이의 신뢰를 얻는다는 사실을 경험으로 알았습니다. 아직 아이들이 미숙한 것은 당연한데, 여기에 감정적으로 대응하는 것은 전문가답지 않다고 생각했습니다.

그 생각을 나는 상사와 동료에게도 적용했습니다. '상사라서 내 이상에 맞는 사람이 되어야 한다는 생각이 잘못되었어. 먼저 있는 그대로 받아들이자'고 생각을 바꾸었습니다. 이후 직장에서의 대인 관계 스트레스는 크게 줄었습니다.

이렇게 아이가 성장할 수 있는 말을 찾는 작업을 계속하면 그 말은 자신에게 되돌아옵니다. 그리고 그 되돌아온 말을 계기로 자신을 객관적으로 바라보는 훈련이 시작되고 행동도 조금씩 바뀝니다. 만약 그것이 좋은 결과로 이어진다면 '메타인지가 이런 거였구나. 조금만 더 해보자'라고 분명히 생각할 것입니다.

일단은 아이들을 부감적으로 보는 것부터 시작합시다.

♥

좋은 것은 계속하고
나쁜 것은 그만둔다

직업상 나는 등교 거부하는 아이를 둔 많은 가정과 마주해왔습니다. 사실 그때 내가 부모들에게 부탁하는 방법도 메타인지를 활용합니다. 다양한 상황에서 활용할 수 있을 것 같아 간단히 설명하겠습니다.

간단합니다. '아이에게 요구한 것 중에서 잘된 것과 안 된 것을 하나하나 적어서 부부가 공유하세요. 그런 다음 좋은 결과를 얻은 것은 계속하고, 안 좋은 결과가 나온 것은 그만두세요'라고 말하는 것뿐입니다.

이 말이 효과적인 이유는 어떤 계기로 등교 거부가 일상화된 아이가 있는 가정은 어떻게 보면 그 상태로 안정화되어 있기 때문입니다. 전문적으로는 '틀' 또는 '프레임'이라고 합니다. 처음에는 아이가 왜 등교 거부하는지 원인을 찾습니다.

그리고 당연히 그 원인을 제거하는 것이 그 상태에서 벗어나는 길이라고 생각합니다. 하지만 그 노력이 반드시 좋은 결과를 가져오는 것은 아닙니다. 오히려 상황을 더욱 악화시키는 경우가 많습니다. 원인의 책임 추궁과 같은 일이 일어나기 때문입니다. 도대체 누가 나쁜지를 본인인지, 학교인지, 친구인지, 어머니인지, 아버지인지 등 아이를 둘러싼 모두가 자신과 남 탓에 빠집니다. 당연히 이것은 본인에게 가장 영향을 많이 주는데 결과적으로 이 프레임이 더욱 고착화됩니다.

이를 리프레이밍Reframing이라고 하는데 무의식적으로 행하는 일상의 사고와 행동 패턴은 자신의 힘만으로 바꾸기가 어렵습니다. 신뢰할 수 있는 제삼자의 도움이 필요합니다.

구도 유이치

리프레이밍은 두 단계로 나눕니다.

첫 단계에서는 부모에게 '자신을 탓하거나 부부끼리 비난하지 마라'고 분명하게 이야기하는 것입니다. 이 책에서 여러 번 강조했듯이 '반성하지 않는 것'이 메타인지의 출발점입니다.

실제로 등교 거부는 단지 단추가 잘못 끼워져 발생하는 것이지, 부모의 양육방식은 사실 별 상관이 없습니다. 다만 부모가 평소 자신과 남을 비난하는 가정일수록 아이는 부모를 비난하기 쉽고 그것이 상황이 경직되는 원인을 제공하는 경우가 대부분입니다. 그래서 먼저 이 부분을 풀어야 합니다.

그런데 경험이 부족한 학교 상담사는 이런 상황에서 '어머니께서 너무 간섭해서 그래요'라고 원인 규명을 하려고 하는데 그러면 해결은커녕 상황을 더욱 악화시킵니다.

다음 단계에서는 부모가 아이에게 매일 취하는 행동에서 '좋은 것은 계속하고 나쁜 것은 그만둔다'는 것입니다. 먼저 아이와 접점이 있는 장면을 쓰고, 각각의 장면에서 평소에 어떤 행동을 하는지 적습니다. 그리고 아이가 명백히 반발하는 행동은 다른 행동으로 바꿔보라고 요구하고, 다음 약속 때 어떤 것이 잘되고 잘 안되었는지 말해달라고 합니다.

부모 입장에서는 어떤 행동이든 그들이 좋은 방법이라고 생각해서 취하는 것이기 때문에 갑자기 제삼자가 그 행동을 부정하면 기분이 좋지 않을 것입니다. 하지만 '좋은 것은 계속하고 나쁜 것은 그만둔다'는 것에 납득이 가고, 간단 명료한 규칙에 따라 자신의 행동을 정리하는 것이라면 어떤 부모라도 할 수 있습니다.

그러면 부모는 자신의 행동을 제삼자의 시각으로 바라볼 수 있어 실제로 행동이 바뀝니다. 그리고 결국에는 리프레이밍이 일어나 아이에게 변화가 나타납니다. 이 방법은 한창 반항기에 있는 아이에게도 사용할 수 있습니다.

결국 가정에서 문제를 일으키는 대다수 아이는 의존심으로 가득합니다. 더 좋은 서비스를 원하지만 제공된 서비스에 불만을 갖는 악순환에 빠져 있는 경우가 많습니다. 이런 아이들에게는 자기 결정을 하는 습관을 들여야 하는데, 그러기 위해서는 부모가 자신들의 행동을 부감적으로 다시 보는 행위가 필요합니다. 행동을 종이에 적어 객관적인 기준으로 재검토하는 방법은 메타인지가 서투른 사람도 바로 사용할 수 있습니다.

심리적 안전성과
메타인지 능력

아오토 씨와 만나서 연구회를 기획한 지 3년. 전국에서 많은 사람이 모이는 연구회를 시작한 지 2년. 이 기간 동안 우리가 새삼 절실히 느낀 점은 어른들은 아이들의 성장을 '지원하는 역할'에 충실해야 한다는 것입니다. 자칫 잊기 쉬운 일이지만 학교의 주인공은 어디까지나 아이들입니다.

하지만 지금의 학교를 돌아보면 여전히 어른들이 주인공이 되려고 하는 것 같습니다.

예를 들어 지금 전국의 학교에서는 우수한 교사를 조속히 양성해야 한다는 조급함 때문에 수업 능력을 향상시키기 위한 연구회가 활발히 이루어지고 있습니다. 수업 능력을 향상시킨다는 것은 고의적으로 노력을 기울이는 것과 같아서 아무리 극단적으로 추구해도 아이들이 '저 선생님의 수업은 이해하기 쉬운데 이 선생님은 별로네'라고 불만을 가질 뿐입니다. 아이들의 심리적 안전성이 확보되거나 메타인지 능력이 향상되거나 자율성이 촉진되는 것도 아닙니다. 교사 스스로도 교육의 본질에 되돌아가면서 자신들의 모습을 메타인지 하는 것의 중요성을 절실히 느낍니다.

연구회를 통해 또 하나 느낀 점은 학교 운영에 있어서 다양성의 중요성입니다. 사실 이 연구회는 일반인을 모집하여 연구를 계속했습니다. 교사들만 있으면 생각이 편향될 수 있다고 생각했기 때문입니다. 우리 교사들도 전통적인 교육을 받아왔기 때문에 우리가 걸어온 길을 부정하고 싶지는 않습니다. 예를 들어 '지금의 나는 학창 시절 그 선생님의 스파르타식 지도 덕분이다'라는 식입니다. 하지만 그런 편견을 가지고 있는 상황에서 이 연구를 교사들만으로 진행하면 교육 본연의 모습을 잃어버릴 수도 있다는 생각이 들었습니다.

결과적으로 내 직감이 맞았습니다.

과거에 교육을 받은 일반인과 지금 교육을 받고 있는 아이들의 부모가 참여함으로써 교사들만으로는 인지하기 어려운 문제들이 점점 언어화되는 모습을 보면서 평소 학교 운영도 그렇게 해야 한다는 생각이 들었습니다. 나는 2020년 4월부터 사립 요코하마소에이 중고등학교의 교장으로 취임하여 고지마치 중학교 때처럼 대대적인 학교 개혁을 추진하고 있습니다. 그 일환으로 학부모를 포함한 많은 외부인이 일상적으로 학교 운영에 참여하는 시스템을 구축해 나가고자 합니다.

개인적인 이야기를 하나 하겠습니다.

나에게는 어린 손녀가 있습니다. 내 두 아이는 남자라서 처음 접하는 여자아이의 성장 과정을 흥미롭게 관찰하고 있습니다. 처음에는 조금 겁이 많아서 장난감을 앞에 두고도 자신이 할 수 있는 것 외에는 좀처럼 도전하려고 하지 않았습니다. 하지만 조금씩 익숙해지면서 마음 가는 대로 새로운 것에 연이어 도전하기도 하고, 짜증을 내기도 하고, 울기도 하고, 웃기도 하고, 놀라는 표정과 함께 변화하고 성장하는 모습이 참 재미있습니다.

하지만 아들 부부는 나처럼 딸의 모습이 마냥 즐겁지만 않은 듯 때때로 먼저 뭔가 도움을 주려고도 합니다.

인터넷에서 찾아보면 아이의 발달에 관한 정보는 넘쳐납니다. 남과 비교하지 마라고 아무리 말해도 불필요한 정보가 속속 들어옵니다. 그런 정보에 가끔은 걱정이 되는 것도 당연합니다.

'본인이 도움을 원할 때는 도와주고, 원하지 않을 때는 가만히 기다린다.' 시간으로 따지면 단지 몇 초의 차이지만 어떻게 해주는 것이 이 아이를 위하는 일인지, 아들 부부의 시행착오를 지켜보면서 아이의 주체성을 살려 나가는 것의 어려움과 중요성을 새삼 느끼며 이 책을 썼습니다.

이 책에서 다룬 '심리적 안전성'과 '메타인지 능력'이라는 주제는 개념을 이해하기가 그리 어렵지 않습니다. 읽은 내용을 자기 것으로 소화하는 데도 학교 제도상의 이야기를 제외하고는 불가능하지 않습니다. 특히 '세 가지 말하기'는 내일 당장 써먹을 수 있습니다. 어려운 것은 실천입니다.

'이론적으로는 알겠는데 아이 앞에서 할 수 있을까?' 하고 불안해하는 사람도 많을 것입니다. 혹은 실제로 해보고 생각대로 되지 않는 자신을 비관하는 사람도 있을 것입니다.

이 책에 여러 번 언급했듯이 반성이나 자기 부정은 아무것도 만들어내지 않습니다. 괜찮습니다. 완벽한 교육자, 완벽한 부모는 이 세상에 존재하지 않습니다. 도달할 수 없는 곳을 목표로 정해놓고 자멸하는 것만큼 쓸데없는 일은 없습니다.

요점은 지금의 자신에게 괜찮다는 사인을 내주는 것입니다.

그리고 지금 이 순간 할 수 있는 일에 집중하고 조금씩 자신을 성장시켜 나가는 것입니다.

교육과 육아로 고민할 때는 '뭐, 이건 다른 사람도 분명 고민하고 있겠지' 정도로 받아들이는 것이 좋습니다.

끝으로 '만남'의 신비로움을 느낍니다. 누군가의 전환점이나 성장의 계기는 항상 우연인 것 같습니다.

원래 뇌과학을 교육에 도입하려고 연구를 시작한 것은 2017년 2월 24일 아오토 미즈토 씨가 고지마치 중학교로 나를 찾아온 일이 계기였습니다. 그리고 총리가 신종 코로나 감염 위험에 대비하기 위해 전국의 모든 초중고교와 특수학교의 휴교를 요청하는 기자회견을 하기 전날인 2020년 2월 26일 문부과학성 강당을 빌려서 진행한 연구 발표회까지의 3년 동안 연구는 계속되었습니다. 그동안 오사카 시립 오조라 초등학교의 기무라 야스코 초대 교장 선생님을 비롯해 전국에서 각계각층의 인사가 모였습니다.

경험주의적이고 결과주의적인 학교 교육의 여러 문제점과 악습을 뇌신경과학이라는 최신 연구를 증거로 이론적으로 재조명하고 싶었습니다. 연구가 시작되었을 때 그런 분노와 같은 생각은 다양한 참여자 각자의 가슴속에 분명히 존재했다고 생각합니다. 하지만 연구가 진행되면서 참여자 모두는 이 연구가 자신을 고찰하는 것임을 깨달았습니다. 연구 주제가 점차 '심리적 안전성'과 '메타인지 능력'으로 좁혀진 것도 어쩌면 필연적이었는지도 모릅니다. 어떤 것이든 말해도 안심할 수 있는 공간이 토론의 질과 자기 긍정감을 높인다는 것, 자신의 경험을 다른 사람의 관점에서 재조명함으로써 자신의 메타인지 능력이 향상되는 것을 이 연구의 장을 통해 모두가 체험했습니다.

우리의 연구는 급속도로 발전하는 뇌신경과학의 아주 작은 부분을 건드렸을 뿐입니다. 그렇다고 해도 학교 교육을 재검토하기에는 충분했습니다. 세계적으로는 이미 뇌신경과학이 기업의 인재 육성과 학교 교육에 활용되고 있다고 들었습니다. 우리의 교육 현장에서도 실천적인 연구가 진행되기를 간절히 바랍니다. 그리고 이번 연구가 조금이라도 참고가 되었으면 좋겠습니다.

2월 26일에 있었던 연구 발표회는 고지마치 중학교라는 한 공립학교가 시행착오를 겪으며 진행한 단순한 교내 연구의 연장선상에 있는 실천 연구라 할 수 있습니다. 그럼에도 그 연구의 의미를 인정하고 문부과학성 강당이라는 장소를 빌려준 것 자체가 이례적이었습니다. 돌이켜보면 이 연구는 큰 예산 없이 사람들의 자발적인 참여 덕분에 진행할 수 있었습니다. 도움을 주신 분들께 감사의 말을 전합니다.

연구 발표회 장면은 유튜브에 무료로 공개되어 있으니 꼭 한번 보기 바랍니다.

https://www.youtube.com/watch?v=ExSwZ-uC5ms

2021년 4월

구도 유이치

심리적 안전성을
메타인지 하는 방법

최근에 나는 교사들을 대상으로 메타인지 향상 워크숍을 진행하고 있습니다. 심리적 안전성이 주제입니다. 자신에게 심리적 안전성을 느끼기 쉬운 것이 무엇인지 메타인지 하도록 가르칩니다.

아이들을 심리적 위험 상태로 내몰지 않기 위해서는 교사가 심리적 안전성을 만들기 쉬운 뇌로 바꾸는 것이 선결이라는 이유로 시작했습니다. 몇 번 해본 결과 효과가 높다는 것을 알고 지금은 아이와 부모를 대상으로 실시하는 것을 검토 중입니다. 그 작업 중 하나의 개요를 설명하니 가정이나 직장에서 꼭 실천하기 바랍니다.

단계 ①
자신이 심리적 안전을 느끼는 것을 쓰세요

자신이 안전을 느끼는, 또는 안전을 느낄 것 같은 사물, 일, 장소, 상황, 시간 등을 40개 적어보세요.

서너 개라면 바로 적을 수 있지만 40개는 쉽지 않습니다. 자신의 일상과 과거의 경험을 열심히 돌아봐야 합니다. 그것은 해질녘일 수도, 노래일 수도, 현관문을 나설 때의 아침 공기일 수도 있습니다. 자신이 안전을 찾을 수 있는 요소는 다양한 곳에 퍼져 있을 텐데 대다수 사람은 그 사실을 인지하지 못합니다. 그래서 일부러 주의를 강하게 기울이는 것입니다.

최소 40분은 필요합니다. 여유가 있다면 1시간 정도 시간을 내보기 바랍니다.

단계 ②

상대적인 점수를 매기세요

40개를 적어낸 다음 모든 항목에 두 가지 척도로 상대적인 점수를 매깁니다.

한 가지 척도는 강도*Intensity*입니다.

'얼마나 안전성을 느끼는지' 최대치를 10으로 하여 10단계 평가로 점수를 매깁니다. 이때 점수가 1이나 2라고 해서 가치가 낮다고 해석하지 않도록 주의합니다. 오히려 그런 소소한 효과도 눈치채는 상태가 중요합니다.

또 다른 척도는 접근성*accessibility*입니다.

대상에 접근하기 쉬운 정도입니다. 이것은 5단계 평가로 합니다. 예를 들어 한옥 호텔에 묵으면 마음이 편안하다고 해도 현실적으로 1년에 몇 번 가는 수준일 것입니다. 이 경우 1이나 2가 됩니다.

반면 아이의 잠든 얼굴을 보거나 커피를 마시는 행위로 안전을 느낀다면 매일 접할 수 있기 때문에 5가 될 것입니다.

단계 ③
좌표로 표시하세요

강도와 접근성의 두 축으로 구성된 빈 좌표를 만들고 그 위에 자신이 안전을 느끼는 40개 항목을 모두 표시합니다. 공간을 많이 차지하므로 큰 종이나 화이트보드를 사용하는 것이 좋습니다.

다소 번거롭지만 자신이 이런 데서 심리적 안전성을 느낀다는 정보를 뇌에 강하게 심어주기 위해서는 중요한 작업입니다. 요령은 각각의 대상에 감정을 담아서 쓰는 것입니다.

'그때 이 풍경에 큰 힘을 얻었지.'

'이 물건을 처음 샀을 때 정말 기뻤지.'

이런 과거의 추억도 끄집어내어 쓰면 감정 기억을 동반한 강한 인상으로 남기 쉽습니다. 그림을 잘 그리는 사람은 간단한 일러스트로 표현하면 기억에 더 잘 남습니다.

패턴을 찾으세요

표시 작업이 끝나면 그 종이를 부감적으로 보며 느낀 점을 언어화합니다.

'강도가 센 것들이 많구나', '시각과 관련된 것이 많구나', '남에게 의존하는 것이 많구나', '먹거리만 있구나', '쉽게 접근할 수 있는 것이 의외로 적구나' 등 다양한 성향이 보입니다.

이것이 바로 메타인지입니다. 자신을 부감적으로 보고 자신을 알아가는 것입니다. 즉 자기 성찰입니다.

공유하세요

단계 ④에서 완결만 되어도 어느 정도 효과가 있지만 내 워크숍에서 중요하게 생각하는 것은 이후의 공유입니다.

그룹을 바꿔가며 자신의 맵을 발표하고 이에 대한 피드백을 받는 공유 세션을 두세 차례 갖습니다. 물론 다른 사람의 결과에 피드백을 할 경우 부정적인 발언은 절대 금물입니다.

세 번 이상 이야기하면 그만큼 뇌에 기억이 남고, 더불어 그때 '독특하네', '정말 잘 알겠어' 등의 피드백이 있으면 더욱 객관적인 시각을 갖게 되고 인상에도 강하게 남습니다. 결과적으로 자기 이해가 점점 깊어집니다.

  더욱 확실하게 기억하기 위해서는 일주일이나 한 달 뒤에 같은 작업을 해보는 것이 이상적입니다. 한번 자신의 패턴을 알면 의식의 안테나가 세워지고, 공유 세션에서 다른 사람의 패턴을 알면 새로운 인식을 얻을 수 있기 때문에 두 번째는 개수를 늘리는 것이 좋습니다.

아오토 미즈토

Memo.

_____

_____

_____

_____

_____

_____

_____

_____

_____

_____

_____

_____

_____

_____

Memo.

Memo.

최신 뇌과학과 교육 현장의 실천으로 밝혀낸

자율적인 아이 만들기

1판 1쇄 발행 | 2024년 3월 22일

지은이 | 구도 유이치 · 아오토 미즈토
옮긴이 | 이동희
감수 | 조효래

펴낸이 | 이동희
펴낸곳 | ㈜에이지이십일

출판등록 | 제2010-000249호(2004. 1. 20)
주소 | 서울시 마포구 성미산로 1길 5 202호
이메일 | eiji2121@naver.com
ISBN 978-89-98342-80-7 (03370)